AUX ACTES DIRIGEANTS !

ROBIN RIVATON

AUX ACTES

DIRIGEANTS !

PARIS

FAYARD/LES BELLES LETTRES

2016

Ouvrage édité sous la direction
de Bernard Deforge et Laurent Acharian

© *Librairie Arthème Fayard / Les Belles Lettres, 2016*
Librairie Arthème Fayard,
13, rue du Montparnasse, 75006 Paris.
Société d'édition Les Belles Lettres,
95, boulevard Raspail, 75006 Paris.

ISBN : 978-2-213-69900-4

Dans notre société démocratique, le mot « classe dirigeante » est devenu un terme de mépris. C'est un tort.

C'est justement parce qu'ils ne sont nullement « classe dirigeante » que nos gouvernants font à l'envi de la politique de hannetons, se heurtent à Tunis, se heurtent à Berlin, se heurtent à l'Italie, pour revenir, à Paris, se heurter contre la démagogie.

Les Chroniques de Guy de Maupassant, « L'Art de gouverner », dans *Le Gaulois*, 1er novembre 1881.

PRÉFACE
d'Augustin de Romanet

Devant l'écart entre les promesses et les réalisations des responsables publics, l'efficacité de l'exercice même du pouvoir est aujourd'hui mise en cause. Quelle est l'efficacité des femmes et des hommes politiques ? Sont-ils encore en mesure d'infléchir le cours d'un fleuve qui semble aller droit vers une mer de tourments ?

Cette question est assurément plus cruciale aujourd'hui qu'elle ne l'était en période de croissance forte comme notre pays a pu en connaître depuis la fin de la Seconde Guerre mondiale et jusqu'au début des années 1970. Pendant cette période, l'énergie de la reconstruction, la modernisation de l'agriculture et les gains de productivité permis par l'automatisation des processus industriels, le dynamisme de la démographie nationale renforcé par une immigration de travail ont, entre autres, permis de porter la croissance à un niveau moyen supérieur à 3 % par an. Un niveau qui fait rêver aujourd'hui. Si l'action politique était sans doute loin d'être à la source exclusive de toute cette croissance, elle n'était assurément pas en cause puisque les résultats étaient là. Tout semblait facile, au point qu'au printemps 1968 Pierre Viansson-Ponté écrivait son célèbre éditorial du *Monde* « La France s'ennuie » et que le général de Gaulle soupirait à son aide de camp François Flohic « Cela ne m'amuse pas beaucoup. Il n'y a plus rien de difficile, ni d'héroïque, à faire[1]. »

Puis, la première crise du pétrole, en 1973, et le nouvel ordre (désordre ?) monétaire issu de la non-convertibilité du dollar, ouvrent une période de crises régulières mais cantonnées à des domaines particuliers (répliques de hausses subites des prix du pétrole, concurrence accrue des pays émergents et délocalisations, effondrement de la bulle Internet, crise des *subprimes*, crise des dettes souveraines…) qui ont à chaque fois donné l'occasion de discours volontaristes accompagnés d'actions précises, dans le domaine des économies d'énergie, de la promotion de la recherche-développement, de plans spécifiques pour aider telle ou telle filière industrielle, des politiques monétaires mais aussi dans celui de la régulation bancaire et de la coordination des États, au sein de l'Union européenne en particulier. L'action politique s'effectuait certes dans l'adversité, mais elle était tangible et semblait produire des effets concrets.

Depuis la crise de 2008, avec le ralentissement régulier de la croissance effective et les réévaluations à la baisse de la croissance potentielle de notre pays, un chômage qui atteint des niveaux historiquement élevés sans perspective de baisse significative, la raréfaction des moyens d'interventions publics et un environnement européen marqué par une crise grecque dont personne ne peut

---

1. SHORT Philippe, *François Mitterrand, portrait d'un ambigu*, Paris, Nouveau Monde éditions, 2015, p. 368.

assurer qu'elle ne touchera pas d'autres pays européens, dont le nôtre, la critique de l'action politique se fait plus forte. La défiance gagne.

Les drames liés au conflit syrien, les entreprises de destruction, qui vont du Mali à l'Irak, des fanatiques se réclamant de l'Islam, les migrations qui en résultent ajoutent au désarroi. Les actes de guerre qui ont ensanglanté la France le 13 novembre 2015 marquent en profondeur notre pays dont les défis débordent infiniment le champ de l'économie. Dans ces domaines de la sécurité et de la défense, l'action politique apparaît comme plus lisible et mieux décryptable. Les indicateurs d'efficacité sont indiscutables et compréhensibles par tous. L'action résolue, comme l'instauration sans délai de l'État d'urgence, produit des effets mesurables par tous. Ce n'est pas le cas dans les domaines économiques et sociaux.

Dans ces domaines, chacun croit savoir ce qu'il faut faire. Et pourtant personne ne le fait ! Que de fois n'entend-on cette observation ? Au-delà du paravent des discours, la politique se donne-t-elle aujourd'hui les moyens de produire les résultats attendus par les citoyens ? Poser la question est y répondre.

Tout l'intérêt du présent travail de Robin Rivaton, économiste de la génération de la relève, est de réfléchir aux causes de cette pathologie de l'inefficacité et de proposer des pistes de médication. Il initie une réflexion sur la méthode et les conditions du succès de l'action politique. Il ne s'agit pas d'un exercice éthéré. Il s'appuie sur l'analyse de la vie politique contemporaine française et de celle des trente dernières années, mettant en exergue, indépendamment du parti au pouvoir, les invariants à l'origine de la déception de nos concitoyens vis-à-vis de l'action politique. Il dissèque des cas de transformations réussies au sein des entreprises qui peuvent inspirer le secteur public ainsi que de bonnes pratiques observées dans de nombreux pays étrangers confrontés à des défis comparables. Cet exercice est précieux tant le management semble être la science oubliée des responsables politiques, tout comme les électeurs des générations futures sont la circonscription oubliée des candidats.

Le résumé de ce livre, qui en est aussi le plan, en rendant la lecture aisée, est aussi simple à exprimer que difficile à mettre en œuvre. L'action politique efficace exige : un diagnostic clair ; une vision collective de l'avenir ; un programme stratégique de mesures ; un plan d'exécution.

Chacun de ces quatre pans est essentiel pour bâtir l'édifice d'une action publique utile. J'insisterai sur la dimension d'exécution, trop souvent négligée alors même que le suivi de la réalisation jusqu'aux détails est la condition essentielle pour réussir quelque tâche que ce soit. Les responsables politiques, à quelques exceptions près, se cantonnent trop souvent dans les déclarations et les pétitions de principe, sans surveiller les aspects techniques de la conception de l'action publique, ni encore moins les détails de sa mise en œuvre. Or c'est dans ce domaine que les progrès les plus importants sont à réaliser. Comme le souligne l'auteur avec le sens de la litote, « Commun dans l'entreprise, le plan d'action est l'élément le plus inhabituel du projet politique ».

Il est également essentiel que l'action publique ne se prive pas du concours des femmes et des hommes les plus talentueux qui ont pu réussir dans le secteur privé. Que l'on me permette ici une remarque apparemment accessoire mais dont l'importance va croître dans les années qui viennent : pourquoi se priver des meilleurs talents en rendant publics le patrimoine et les revenus de nos gouvernants ? Partant d'une intention louable de lutte contre l'enrichissement personnel durant son action politique, cette disposition est superfétatoire et confine au voyeurisme. La communication confidentielle de ces informations à la Haute Autorité pour la transparence de la vie publique est logique et parfaitement suffisante pour atteindre cet objectif de lutte contre la concussion. En l'état, la publicité donnée à ces informations assèche irrémédiablement le vivier des futurs responsables politiques de toutes celles et ceux qui, pour des raisons personnelles que chacun doit respecter, ne souhaitent pas rendre leur patrimoine public.

À l'enjeu d'une équation économique apparemment insoluble s'ajoutent désormais des défis en matière de sécurité et de défense qui redeviennent majeurs comme ils ne l'avaient pas été depuis 50 ans.

Ainsi quelle que soit l'équipe qui gouvernera la France dans les années qui viennent, et quelle que soit sa couleur politique, elle aura assurément l'une des tâches les plus rudes à mener des gouvernements de la Vᵉ République, si l'on exclut la fin de la guerre d'Algérie. La réflexion sur la méthode n'est pas une option mais une impérieuse nécessité pour qui veut se donner un minimum de chances de succès.

Sans doute peut-on appliquer à l'art de la politique ce que Vladimir Jankélévitch dit de la musique : « La musique a ceci de commun avec la poésie et l'amour, et même avec le devoir : elle n'est pas faite pour qu'on en parle, elle est faite pour qu'on en *fasse* ; elle n'est pas faite pour être dite, mais pour être *jouée*[2]. » Alors utilisons les bons instruments pour faire de la bonne musique, les bons hexamètres dactyliques pour faire de bons discours et les bons outils pour faire de bonnes politiques.

---

2. JANKÉLÉVITCH Vladimir, *La Musique et l'ineffable*, Paris, Seuil, 1983, p. 93.

INTRODUCTION

L'exercice politique repose tout entier sur la confiance. L'élection implique d'accorder sa confiance au candidat dans la réalisation du programme proposé, confiance qui, à la différence de la foi ou de la croyance, implique un pari sur la constance du comportement de l'autre. Cette prise de risque est susceptible d'être trahie en l'absence de moyens de contrôle ou de coercition autre que l'élection suivante, éloignée dans le temps.

À la racine du désengagement actuel des citoyens, se trouve le sentiment de trahison entre les promesses formulées lors des campagnes électorales et l'exercice du pouvoir. L'absence de résultats nourrit la défiance. En miroir de l'intense frustration générée par des élections non suivies d'effets matériels, l'élection présidentielle de 2017, se gagneront sur des gages concrets de capacité à exécuter. Déclamer sa volonté n'est plus suffisant pour convaincre. Près de neuf Français sur dix estiment que les politiques passent davantage de temps à communiquer qu'à agir[1]. On ne se paie plus de mots, l'heure des

---

1. Sondage Ifop pour LaFrench'Com de juin 2015.

propositions est finie, voici le temps des solutions. Quel candidat garantira de préserver l'assurance maladie sans déclencher une grève générale ? De toucher à l'Éducation nationale sans menacer l'accueil des enfants ? De créer deux millions d'emplois au lieu de se battre pour savoir qui finit avec le moins de chômeurs au compteur ? Pour l'instant, ce n'est ni un président de gauche, ni de droite, mais un premier ministre anglais, une chancelière allemande ou un président du conseil italien. Les Français ne sont pourtant pas plus génétiquement allergiques à la réforme que leurs voisins européens. Ils acceptent le changement tous les jours dans leur vie personnelle et professionnelle. Mais ils ont l'impression de vivre dans un pays laissé endormi par des gouvernants trop préoccupés par leur réélection.

Il n'est pour autant pas nécessaire de jouer le peuple contre les élites. Écartons les accusations personnelles faciles, pointant du doigt l'homme politique, le fonctionnaire ou le magistrat et concentrons-nous sur l'absence de méthode qui empêche d'obtenir des résultats tangibles. En effet, les rares velléités réformatrices se fracassent trop souvent sur cette impréparation, le mécontentement populaire poussant ensuite vers la tentation de l'immobilisme. En relisant les programmes présidentiels de l'ensemble des partis politiques de 1995, 2002, 2007 ou 2012, on ne peut que déplorer leur caractère irréaliste et irréalisable. La faute à un diagnostic lacunaire et à une exécution imparfaite. Pendant ce temps, en façade, la recherche de résultats rapides et la médiatisation continue conduisent à une activité législative intense, dispersée sur l'accessoire, empiétant sur le temps de l'exécution, nourrissant la surréglementation, émoussant l'efficacité des politiques publiques.

Alors que de nouvelles élections se profilent, ce livre invite chacun à lire les programmes politiques au regard de leur possibilité effective de concrétisation. Les recommandations sur *quoi faire* sont nombreuses. Plus rares sont celles qui présentent le *pourquoi faire* et aucune ne traite du *comment faire*. Pourtant le sujet prioritaire est celui de la méthode qui explique comment choisir dans la boîte à outils de la transformation, les plus utiles, et à en user dans le bon ordre. Comme le dit Maupassant, la méthode n'est pas un don, propre aux hommes de génie, mais l'apprentissage d'un métier permettant de devenir un homme pratique remarquable. Les Français sont prêts, reste désormais à équiper nos élus de la meilleure méthode pour amorcer la mise en mouvement du pays.

La transformation réussie dans de nombreuses entreprises, organisations publiques et pays étrangers obéit à certains grands principes. Cet ouvrage a été nourri de l'expérience du chef d'entreprise, artisan quotidien de la transformation. Aucune recette unique et universelle ne s'est dégagée mais une méthode adaptable par chaque candidat en fonction de ses convictions, de son caractère et de son ambition. Cet ouvrage ne vise pas à donner des leçons car la poursuite de l'intérêt général est une mission bien plus difficile à mener que la réussite à la tête d'une entreprise privée, où les parties prenantes sont en nombre limité et leurs intérêts plus facilement identifiables. Évidemment, on ne gère pas l'État comme une entreprise mais des règles de bon sens, de sagesse populaire, s'appliquent à toutes les organisations, de la cellule familiale à la multinationale. Et c'est ce bon sens que les Français veulent revoir comme boussole de l'action publique.

Il ne fait nul doute qu'une réflexion poussée sur la méthode de la part des responsables politiques permettrait de remédier aux erreurs les plus fréquentes, qui ont sapé la confiance dans les institutions. Pour rétablir celle-ci, des réponses claires sont aujourd'hui attendues par les Français :

où en sommes-nous ? où voulez-vous collectivement nous emmener ? comment comptez-vous faire ? renvoyant en creux à l'exigence d'un diagnostic, d'une vision collective de l'avenir, d'un programme stratégique de mesures et d'un plan d'exécution précis. À ce moment-là, l'irréalisable s'effacera devant le possible.

1

LE CHANGEMENT EST POSSIBLE

> *Les hommes n'acceptent le changement*
> *que dans la nécessité et ils ne voient la*
> *nécessité que dans la crise.*
>
> Jean MONNET, *Mémoires*, 1976.

Le changement a été le sujet d'étude privilégié de nombreux ouvrages. Des disciplines comme la sociologie des organisations y consacrent même la plus grande partie de leurs efforts de recherche. Sans rentrer dans le détail des travaux d'auteurs comme Robert Merton ou Michel Crozier, leur lecture permet de tirer quelques leçons qui viennent flatter le bon sens. Le changement est nécessaire pour s'adapter à un environnement en évolution. Le changement ne se décrète pas mais se prépare.

L'expérience montre qu'il est beaucoup plus facile à mener dans un contexte culturel favorable. Autrement dit, peu importe la justesse de votre vision, la grandeur de votre ambition, la pertinence de votre diagnostic, si votre stratégie n'est pas alignée avec la culture du groupe d'individus que vous souhaitez emmener, qu'il soit une entreprise ou une nation, l'échec vous attend.

La France est prête parce que les Français se sont d'eux-mêmes adaptés à un environnement mouvant. Si ces changements individuels ne se traduisent pas par une transformation des institutions collectives, c'est parce que les politiques manquent de méthode pour les mettre en œuvre.

Le changement, de l'évolution à la disruption

La notion de changement d'une organisation renvoie immanquablement à l'idée de passage d'une situation à une autre en transitant par un état de crise dans lequel des choix sont formulés. Si, aujourd'hui le mot *crise* est synonyme d'une période de difficultés, dans son sens étymologique il signifie *faire un choix, décider.* En grec ancien, *krisis* recouvrait l'action ou la faculté de distinguer, quand en latin *crisis* signifiait un assaut. La racine indo-européenne *krei** correspondait à l'action de juger, distinguer, passer au crible.

L'histoire du changement est celle du passage de l'évolution à la disruption. La notion d'évolution est celle d'un changement continu, du passage progressif d'un état à un autre, dont le terme n'est pas forcément connu. L'inspiration naturaliste est évidente, on parle d'ailleurs d'évolution biologique. Il n'a pas fallu longtemps pour que la métaphore biologique soit calquée sur les organisations politiques et sociales. L'un des pères fondateurs de la sociologie moderne, Émile Durkheim, affirme l'existence d'une évolution commune à toutes les sociétés humaines.

Ces dernières tendent naturellement, à partir d'un schéma d'organisation identique, à se complexifier sous l'effet de la rationalisation des rapports sociaux. L'évolution devient alors *constante, régulière, séculaire* voire *ininterrompue, générale* jusqu'à aboutir à la *normalité*[1]. L'évolution contient dans sa nature profonde la dimension de progrès, le positivisme y ayant contribué.

Cette philosophie du changement lent, évolutionnaire a longtemps imprégné la pensée politique et administrative. L'exigence d'adaptabilité des organisations sociales était réduite et l'impératif de changement modeste. La réforme était au diapason de ce temps lent, la gestion technocratique assurant la mise à jour régulière des grands systèmes économiques et sociaux. Néanmoins ce rythme ne s'accommode plus d'un monde dans lequel la vitesse du changement augmente. Ces dernières années, les organisations ont été sommées de devenir *agiles, souples, flexibles* ou *adaptables* pour faire face à un environnement à la fois plus incertain et plus complexe. L'*Agile manifesto*, premier usage répertorié de ce qualificatif autrefois réservé aux prouesses gymnastiques, est un manifeste écrit en 2001 par dix-sept développeurs informatiques. Ils affirment que : « Nous en sommes arrivés à préférer et favoriser l'adaptation au changement plus que le suivi d'un plan. »

Dans son dernier ouvrage, *Antifragile : Things That Gain from Disorder*, Nassim Nicholas Taleb porte le concept de changement à son paroxysme avec la notion d'antifragilité, qu'il a forgée pour désigner la capacité d'un objet à résister à la pression extérieure non pas en restant statique (résilience) mais en s'améliorant à travers un

---

1. Mots associés à la notion d'évolution dans le Littré.

processus de changement[2]. Le changement n'est dès lors plus seulement incrémental mais peut revêtir les habits du bouleversement. M. Crozier déclarait déjà que « ce qui doit changer dans ces jeux, ce ne sont pas, comme on le croit un peu hâtivement, les règles, mais la nature même du jeu[3] ». La célébrité fulgurante du concept de disruption dans le monde des affaires, qu'on pourrait traduire par transformation immédiate et irréversible, s'inscrit dans cette logique. La crainte de toute entreprise est désormais de se faire *ubériser*, pour reprendre un terme popularisé aux États-Unis, du nom de la folle croissance de la plate-forme Uber sur le marché du transport privé de personnes autrefois dominées par les corporations de taxis, c'est le bouleversement total des conditions économiques et des modèles d'affaires établis par l'introduction d'une innovation révolutionnaire. Maurice Lévy, P-DG de Publicis avertissait récemment du risque d'uberisation du CAC40[4].

L'exigence du changement s'accélère

L'injonction au changement, que chacun ressent, du salarié qui connaîtra dans sa vie professionnelle huit emplois différents contre deux il y a trente ans, au chef

---

2. « L'antifragilité dépasse la résistance et la solidité. Ce qui est résistant supporte les chocs et reste pareil ; ce qui est antifragile s'améliore. », Nassim Nicholas Taleb, *Antifragile. Les bienfaits du désordre*, Paris, Les Belles Lettres, 2011, p. 14.

3. Cité par Dr Bengouffa Abdessamed, *La Problématique du changement : entre concepts et réalités*, 2005.

4. Thomson Adam, « Maurice Lévy tries to pick up Publicis after failed deal with Omnicom », in *Financial Times*, 14 décembre 2014.

d'entreprise qui doit présenter des plans stratégiques de plus en plus courts et réajustables sous la pression des analystes financiers, nous renvoie tous à ce sentiment diffus de l'accélération du temps. Après la Commune, l'historien Jules Michelet soulignait que « l'allure du temps a tout à fait changé. Il a doublé le pas d'une manière étrange. Dans une simple vie d'homme, j'ai vu deux grandes révolutions, qui autrefois auraient peut-être mis entre elles deux mille ans d'intervalle ». Que n'aurait-il dit aujourd'hui. Si ce sentiment s'empare de nous c'est que notre environnement évolue brutalement sous les effets de la mondialisation, de la *Robonumérique* et de l'individualisation des rapports sociaux. Rappelons rapidement l'impact de ces trois forces, économique, technologique et sociétale pour les dirigeants publics et privés.

Citée dès 1959 dans le journal anglais *The Economist*, la mondialisation n'en finit pas de susciter des polémiques sur ses conséquences. Dans Google, la requête *conséquences positives de la mondialisation* recueille 215 000 résultats, une courte avance sur la requête inverse avec ses 196 000 réponses. Entendue comme l'interdépendance économique croissante de l'ensemble des pays du monde, la mondialisation se matérialise par la hausse des échanges de biens, des flux financiers, des flux d'informations et d'une mobilité plus forte de la main-d'œuvre. Elle amène à une plus forte concurrence entre les individus et les systèmes sociaux par leur rapprochement physique grâce à l'amélioration des moyens de transport et de communication. Les exemples sont nombreux de sociétés qui ont réussi à compenser les externalités négatives de la mondialisation. Loin d'être des victimes impuissantes, les États disposent de marges de manœuvre. C'est d'ailleurs la logique du Fonds européen d'ajustement à la mondialisation fondé pour aider les personnes ayant perdu leur emploi à la suite de changements structurels majeurs survenus dans le commerce international en raison de la mondialisation. Il est le choix de l'acceptation du changement plutôt que la veine résistance.

Sur le plan technologique, une troisième révolution industrielle et économique est à l'œuvre. Celle-ci démarre au milieu du XXᵉ siècle avec le développement des nouvelles technologies de l'information et de la communication. Cette révolution, je la baptise *Robonumérique* [5] pour illustrer comment de nouvelles entités physiques, les robots et autres objets intelligents, sont unis par un langage commun, le numérique. Celle-ci remodèle en profondeur le paysage des activités économiques en déplaçant la valeur ajoutée vers de nouveaux acteurs maîtrisant l'accès aux réseaux de télécommunication, les fameux GAFA américains (Google, Amazon, Facebook, Apple) comme leurs homologues chinois BAT (Baidu, Alibaba, Tencent). Une nouvelle génération émerge déjà et réclame sa part du gâteau, en proposant une meilleure adéquation de l'offre et de la demande : les NATU (Netflix dans la vidéo à la demande, Airbnb pour la location de logements de courte durée, Tesla pour les voitures électriques et connectées, Uber dans le domaine du transport). L'absence de l'Europe, incapable de constituer à la fin des années 1990 ses propres champions, s'affiche dramatiquement.

Comme le numérique, la robotique poursuit un développement exponentiel. En 1961, le fabricant automobile General Motors installait le premier robot industriel pour le

---

5. « La révolution robonumérique est-elle en marche ? » est un cours que je donne à Sciences Po Paris. Le terme provient d'une réflexion commune avec le territoire de Saint-Quentin dans l'Aisne qui a pris un engagement fort en faveur de ces technologies sous la direction de Pierre André et Xavier Bertrand.

déchargement d'une machine à mouler. Depuis cinquante ans, la robotique a colonisé les usines avant de partir à la conquête de nos bureaux. Dans leur fameux ouvrage de 2011, *Race Against the Machine*, qui fait office de bible pour les néo-luddistes, Erik Brynjolfsson et Andrew McAfee affirment que l'automatisation se répand du traditionnel secteur manufacturier vers les services de toute nature. Il y a dix ans, autant la substitution des tâches manuelles routinières paraissait évidente, autant les spécificités de tâches cognitives semblaient les protéger pour plusieurs années. Aujourd'hui, aucune tâche n'est à l'abri des récents développements dans la recherche de donnée, la captation et le traitement du signal, les algorithmes de calcul et l'intelligence artificielle.

Enfin, l'individualisation remodèle elle aussi notre environnement. Elle devient de plus en plus une différenciation volontaire entre les individus en terme de modes de consommation, rapports familiaux et professionnels. Elle entraîne des exigences de personnalisation et rend obsolètes les approches massives tels qu'étaient pensés les services publics de la seconde moitié du XXᵉ siècle. Cette fragmentation des pratiques et des comportements devient une donnée essentielle autant pour les entreprises, qui dépensent toujours plus pour connaître leurs clients, que pour les institutions publiques qui doivent adapter les appareils de régulation et de contrôle en conséquence. L'explosion de la cellule familiale dans son acception traditionnelle du couple marié avec enfants a été le premier marqueur de cette évolution. Elle prendra forme demain sur le marché du travail avec une main-d'œuvre quittant le régime uniforme du salariat pour aller de manière autant contrainte que désirée vers de nouveaux rapports de production plus autonomes. Dans le même temps, le rapport au corps évolue, entretenu par les progrès de la médecine qui ouvrent le champ de transformations radicales et impliquent une maîtrise croissante de l'individu sur son corps.

Refuser le changement, c'est la stagnation ou la faillite

Il n'est guère utile de s'opposer à ces forces qui sont relativement indépendantes des États, au contraire de ce que prétendent certains chefs de partis jouant sur les peurs. Les firmes multinationales sont les moteurs de la mondialisation et continuent de l'animer en fonction des nouveaux participants à l'interconnexion des flux. La recherche technologique, y compris fondamentale, est désormais essentiellement privée à l'opposé d'une époque où les grands programmes publics impulsaient la voie à suivre. La fragmentation des comportements est à la main des individus qui tolèrent de moins en moins le contrôle collectif et se sentent en droit de le contourner lorsqu'il ne leur convient pas, en faisant jouer la concurrence des normes.

Les États n'ont pas les moyens de s'y opposer. L'interdépendance des entreprises privées à l'échelle du globe rend toute tentative de démondialisation hautement hasardeuse et coûteuse. La technologie ne peut être rejetée dans un monde où les réseaux de télécommunication ont écrasé l'écart informationnel entre les pays. Enfin, lorsque des individus veulent accéder à de nouveaux modes de consommation, ils les imposent aux autorités régulatrices. La poursuite du service de transport de personnes, Heetch concurrent de feu UberPop, en dépit des procédures multiples intentées par les syndicats de taxis et le gouvernement français en est une bonne illustration. Comment le gouvernement pourrait désactiver l'application de chacun des centaines de milliers de téléphones sur lesquels elle est installée ?

Pour toute organisation, refuser le changement est pénalisant. Celui-ci est le corollaire indispensable de la croissance économique d'où dérivent le progrès social et l'amélioration des conditions de vie. Le choix de la stabilité a un prix, celui de la stagnation. Depuis une vingtaine d'années, la France a fait ce choix, en empêchant ou à tout le moins en n'intégrant pas les contraintes issues de la nouvelle donne concurrentielle, en ne favorisant pas le progrès technologique et en repoussant l'adaptation de ses administrations publiques aux nouvelles exigences individuelles. Elle en paye aujourd'hui le prix avec un appauvrissement généralisé du pays. Alors qu'un certain nombre d'essayistes conspuent le changement comme cause d'un suicide français, ils sont aveugles au fait que c'est justement la préservation des structures anciennes, la conservation des schémas établis, qui affaiblissent le pays.

Le changement ne se décrète pas mais se prépare

Si le changement n'est pas toujours accepté c'est parce qu'il crée des gagnants et des perdants. Les individus dont la situation matérielle se détériore suite à un changement de l'environnement économique, réglementaire ou technologique peuvent considérer cela comme une injustice. Pour autant, toutes les oppositions au changement ne se réduisent pas à des considérations matérielles. Les opposants les plus farouches ont parfois pour unique drapeau des convictions dont ils ne souffrent pas la défaite idéologique.

Le changement ne peut aller à l'encontre d'une culture qui y serait fermement hostile tant celle-ci est un élément de stabilisation de l'individu et lui sert de référentiel pour décrypter l'environnement dans lequel il évolue. Le grand stratège d'entreprise Peter Drucker avait eu cette formule remarquable : *Culture eats strategy for breakfast*, « La culture dévore la stratégie au petit-déjeuner », reprise en 2006 par Mark Fields, président d'un groupe Ford dont la décadence s'annonçait.

Parce qu'il doit faire face à des résistances fortes, passives ou actives, fruit d'une inévitable rigidité organisationnelle et d'une certaine inertie individuelle, le changement des organisations, grandes ou petites, se construit. Il ne se décrète pas mais se prépare. Michel Crozier[6] avait analysé les échecs de réformes administratives en affirmant dès 1970 « qu'on ne gouverne pas la société par décret », insistant sur l'importance de penser le changement comme un processus de création collective impliquant de faire travailler des acteurs différents autour d'objectifs communs. Le fait de décréter un changement par des directives, des injonctions, des circulaires ou sur un rapport de savoir ou d'autorité provoque le plus souvent de l'immobilisme. Edgar Faure l'illustre, se heurtant à une tentative de réforme de l'Éducation nationale en 1969 : « En décrétant le changement, l'immobilisme s'est mis en marche et je ne sais plus comment l'arrêter. » En décrétant abruptement, la capacité d'apprentissage des individus est niée. Le temps est un facteur favorable car il permet aux différentes parties prenantes d'intégrer les changements exogènes. Michel Crozier parle de « digérer les bouleversements qui peuvent agir comme des chocs ».

---

6. Voir François Chaubet, *Michel Crozier. Réformer la société française*, Paris, Les Belles Lettres, 2014.

Si le changement n'a pas besoin d'être apprécié ou désiré, sa nécessité, surtout face aux pressions des forces de long terme auxquelles doit faire face la société française, ne saurait cristalliser sans la conviction partagée de faire face à une nouvelle conception de la réalité. Pour reprendre la citation de Jean Monnet, « Les hommes n'acceptent le changement que dans la nécessité et ils ne voient la nécessité que dans la crise. »

Les Français sont prêts

S'il m'était permis de retoucher le titre de mon dernier essai, plutôt que *La France est prête* je dirai que *Les Français sont prêts*. J'ai en effet la conviction profonde qu'aujourd'hui les Français sont majoritairement favorables au changement.Il n'y a aucune raison qui les rendrait plus allergiques au changement et à la réforme que leurs voisins. Évidemment, la France n'est pas dépourvue de rentiers, gros et petits, attachés à leurs privilèges, statuts et avantages. Évidemment on sait ce qu'on perd, on ne sait pas ce qu'on gagne. Évidemment, des pilotes d'avions aux professions réglementées, des notaires ou des huissiers, les exemples de résistance de certains groupes organisés ne manquent pas. Évidemment, personne n'est exempt de conservatisme individuel quand ses conditions matérielles sont remises en question.

Mais ces frictions montrent que le système global est en mouvement. Car la France bouge et change. Face à la transformation des conditions de marché, les entreprises françaises, grandes comme petites, s'adaptent, entraînant avec elles leurs salariés, leurs fournisseurs, leurs clients. Pas un jour ne passe sans qu'une entreprise annonce des plans de réorganisation de son activité, de licenciement et de fermeture de sites mais aussi d'investissement et d'embauche. Chaque année, la France détruit 15 % de ses emplois pour en recréer à peu près autant[7]. Le CAC40 sert de tête d'affiche mais le mouvement est identique dans les entreprises de taille intermédiaire (ETI) et les petites et moyennes entreprises (PME). Si les sites Doux et GAD ferment leurs portes en Bretagne entraînant de nombreux licenciements, à Carhaix une usine de lait pour bébés est en train de sortir de terre. « Tout change chez nous, rien ne bouge chez vous », voilà comment récemment un grand patron exprimait son étonnement lors d'un déjeuner avec des députés.

Les transformations réussies ne se limitent pas aux entreprises privées. Les anciens établissements publics fournissent également de bons exemples. Prenons celui de La Poste. En moins d'une décennie, cette organisation a considérablement évolué avec la montée en puissance d'Internet et des réseaux de communication mobiles. La chute de l'envoi de courrier a débuté au début des années 2000 sous l'effet de la digitalisation des échanges, cartes postales, publicités ou factures. Entre 2008 et 2015, le volume de courriers a reculé de 30 %. D'ici 2020, il diminuera encore de moitié. Pour compenser cette perte, le groupe a développé des activités complémentaires comme le courrier express, la banque ou la téléphonie mobile et capitalisé sur le trafic des petits colis en hausse grâce au commerce en ligne. Devenue entreprise à capitaux publics en 2010, La Poste réalise dorénavant les trois quarts de son activité sur un marché ouvert à la concurrence, et un sixième à l'international. Quel contraste avec le rapport

---

7. CAHUC Pierre et ZYLBERBERG André, *Les Ennemis de l'emploi. Le chômage, fatalité ou nécessité ?*, Paris, Flammarion, 2015.

parlementaire *La Poste : le temps de la dernière chance* en juin 2003 ! Les 80 000 facteurs ont considérablement élargi leur champ d'activités et de compétences. Dans les deux mille plus gros bureaux de poste, l'attente a été drastiquement réduite en rompant avec la ligne de guichets traditionnelle et les bornes libre-service. Les horaires d'ouverture ont été allongés en fonction des besoins des utilisateurs, tout en conservant plus de 17 000 points de contact. La transformation a évidemment bousculé certaines habitudes de travail et exigé des reconversions de postes, du guichet vers la vente ou du tri vers les plates-formes téléphoniques. Cette transformation ne s'est pourtant accompagnée d'aucune grève massive, manifestation suivie ou contestation violente.

La transformation de l'Imprimerie nationale, une maison vieille de cinq siècles, administration jusqu'en 1993, devenue une société anonyme de droit privé détenue en totalité par l'État, est une autre illustration significative. Elle est devenue rentable versant son premier dividende à l'État actionnaire en 2013. Cinq ans plus tôt, les pertes dépassaient encore 100 millions d'euros par an. L'entreprise a beaucoup changé, son activité est passée de la simple impression de documents papier vierges à la délivrance de titres d'identité sécurisés contenant des données personnelles, y compris biométriques. Elle réalise désormais un cinquième de son chiffre d'affaires à l'international. De Renault à France Télécom devenu Orange, les exemples de privatisations suivies de transformations réussies sont nombreux, symboles d'une économie publique en rétraction.

Le même mouvement se retrouve par intermittence dans l'administration elle-même. Dans une mer d'immobilisme, des îlots ont été gagnés par le changement et ont revu radicalement leur façon de faire. Loin des grands projets venus d'en haut, la caisse primaire d'assurance-maladie (CPAM) de la Sarthe a conçu et expérimenté avec succès un programme de coaching Santé active. Ce projet vise à modifier en profondeur les habitudes des assurés pour se prémunir des maladies chroniques. S'il a pu initialement sembler s'inscrire hors des compétences naturelles de la Sécurité sociale, ce programme a amené une baisse conséquente des consommations de soins. Patrick Negaret est désormais chargé de déployer ce programme au niveau national, bientôt étendu à un cinquième de la population française.

À titre individuel, les Français ont accepté des changements massifs bouleversant les rapports sociaux traditionnels. Sur le marché du travail, la flexibilisation a été intégrée. Une étude de l'Insee[8] montre que sur trente ans, dans le privé, la mobilité a augmenté de 25 %, la part des contrats autres que le contrat à durée indéterminée de 150 % et surtout le taux de rotation a été multiplié par 3,5. Certaines formes d'emplois comme les missions d'intérim et des contrats à durée déterminée (CDD) se sont durablement installés. Ceux-ci représentent aujourd'hui 84 % des entrées dans le monde du travail quand ce chiffre n'était que de 67 % en 2001. Ce basculement des modèles de représentation de l'emploi, stable, unique et linéaire dans une même entreprise, vers des représentations plus heurtées, multiples et aléatoires a été intégré par une proportion grandissante de la population. Le renouvellement des conceptions ne se limite pas aux nouveaux arrivants sur le marché de l'emploi mais concerne tous les participants. Le sociologue Christophe Guilluy s'étonne ainsi que : « La France d'en bas bouge énormément, celle d'en haut, en revanche, ne change pas, tout occupée à cultiver la reproduction sociale. Dans le secteur privé, [les classes

---

8. PICART Claude, *Plus qu'un essor des formes particulières d'emploi, un profond changement de leur usage*, Paris, Insee, 2014.

populaires] acceptent la très grande flexibilité du marché du travail[9]. »

En corollaire de ce changement des formes de l'emploi, il faut souligner la nouvelle appétence des Français pour l'indépendance. Ce désir explique que ces nouvelles formes d'emplois aient pu prendre greffe. Interrogés sur le choix entre le statut de salarié et celui de travailleur indépendant, les Français sont 40 % à plébisciter la voie de l'indépendance, un chiffre bien supérieur aux pays d'Europe du Nord, Suède (22 %), Allemagne (29 %), Pays-Bas (31 %), Royaume-Uni (33 %)[10]. Et encore, avant la crise, ce taux s'établissait à 51 %, faisant de la France un des rares pays européens où une majorité de la population préférerait le statut d'indépendant à celui de salarié. Alors que les jeunes Français sont encore caricaturés comme rêvant majoritairement de devenir fonctionnaires, les concours de la fonction publique n'ont jamais été aussi désertés. Un jeune sur deux entre 18 et 24 ans déclare avoir envie d'entreprendre et un sur six a un projet concret d'entreprise[11]. La France se distingue par de très fortes intentions entrepreneuriales, parmi les plus hautes des pays développés. En 2013, 14 % des Français de 18 à 64 ans déclarent vouloir créer une entreprise dans les trois prochaines années, soit plus que les Américains (12 %), les Britanniques (7 %) et les Allemands (6 %). Il s'agit d'un renversement total puisqu'en 2002, les Français occupaient la dernière place de ce classement avec seulement 3 % d'entre eux exprimant des intentions entrepreneuriales.

---

9. Propos rapportés par DEDIEU Franck et MATHIEU Béatrice, *Pour en finir avec le masochisme français*, in *L'Expansion*, 9 novembre 2014.

10. Flash Eurobaromètre 354, *Entrepreneurship in the EU and beyond*, 2012.

11. Indice « Envie d'entreprendre » publié par IDInvest 13 avril 2015.

La hausse de ces intentions a été continue en France, en dépit des périodes de crise économique qui se traduisent par un fléchissement du taux dans les autres pays.

Cette volonté entrepreneuriale figure un changement de conception du monde. Cette transformation rapide montre que le rapport à l'échec a été nécessairement réévalué. Le trait culturel d'une aversion à l'échec ne peut plus être invoqué. La peur d'échouer en tant que frein à la création d'entreprise est à peine plus présente en France qu'aux États-Unis ou au Royaume-Uni et même inférieure à ce qui prévaut en Israël, pays pourtant souvent vanté pour ses capacités entrepreneuriales. Le fait qu'une possibilité d'échec se matérialise lors du processus de création d'entreprise n'est pas de nature à effrayer les Français qui considèrent à 55 % qu'il faut continuer, se plaçant parmi les pays les plus persévérants.

Cette volonté d'indépendance, qui va au-delà des populations urbaines, les plus jeunes et les plus diplômées, se double d'une réduction de l'inquiétude face aux risques économiques, technologiques ou sociaux. Le chômage ne fait pas peur en lui-même mais parce que les Français savent combien il est difficile de retrouver un emploi ensuite. Pour les risques collectifs, écologiques ou industriels, sur lesquels les pouvoirs publics peuvent agir, la prétendue aversion des Français n'est pas non plus fondée. Sur une trentaine de risques aussi divers que les accidents de la route, le virus du sida, la pollution atmosphérique, les organismes génétiquement modifiés, les pesticides ou les centrales nucléaires, la perception n'a pas évolué depuis quinze ans[12].

---

12. Baromètres annuels sur la perception des risques et de la sécurité annuels sur les risques de l'Institut de radioprotection et de sûreté nucléaire (IRSN) de 1999 à 2014.

Enfin, la plasticité nouvelle des individus et ce rapport positif au changement se traduisent par la mobilité géographique d'un nombre croissant de Français. En nombre absolu, la population inscrite au registre des Français de l'étranger, procédure non obligatoire, s'est accrue de 60 % depuis 2000, passant de 1 à 1,6 million. Au-delà des seuls inscrits au registre des Français hors de France, le nombre de Français expatriés serait proche de 2,5 millions. D'après les estimations de l'ONU, des grands pays européens, la France est celui qui a connu le taux de croissance le plus élevé de sa population expatriée entre 1990 et 2013, + 53 %, le triple du Royaume-Uni et le double de l'Allemagne.

Sans aveuglement, ni optimisme forcené, il est possible d'affirmer que des capacités de sursaut se retrouvent très largement à tous les niveaux dans la société française. Cette capacité d'évolution de la société contraste avec la lenteur du changement en politique. Le prétendu conservatisme de la société française, hostile à la mondialisation, critique sur la création de richesses, attendant tout de l'État, fournit la meilleure des protections à ceux qui ne veulent rien changer.

En politique, la lenteur de l'évolution source des révolutions

Les mots *réforme, rupture, changement* hantent le discours public depuis de longues années. Initialement, la réforme s'inscrivait dans une logique conservatrice. Elle était un changement apporté en vue du rétablissement d'une forme ancienne considérée comme meilleure. La Réforme protestante de Luther invitait à renouer avec les origines du christianisme. À l'origine de son incursion dans le champ politique au début du XXe siècle, la réforme change de sens. Elle devient un moyen de désigner le moyen d'action des socialistes opposés à la révolution. Ceux-ci souhaitent incarner un changement aussi profond mais réalisé sans violence, dans le cadre institutionnel existant. Jules Renard évoque la conférence contradictoire dite des « deux méthodes » entre Jaurès et Guesde de novembre 1900. Il écrit : « [Jaurès] se sépare de Guesde comme tacticien. Socialiste de gouvernement, il croit aux réformes partielles. Guesde n'admet que la révolution complète. » La réforme devient correction, transformation de quelque chose en vue de le réorganiser, d'améliorer son fonctionnement et ses résultats.

En 1867, L. Halevy établit déjà une distinction dans ses *Carnets* en présentant le député libéral Émile Ollivier comme partisan d'un changement progressif, « On dit [de lui, *nda*] qu'il n'est pas un révolutionnaire, mais un évolutionnaire[13]. » Cette différence entre le caractère incrémental dans un cadre donné et la modification totale à partir d'un nouveau jeu de contraintes se pose dans toutes les évolutions des organisations. Une subtilité sémantique s'est même opérée chez les penseurs anglo-saxons entre le changement où une pression permanente aboutit à modifier la façon d'agir et la transformation qui modifie nos croyances afin qu'une nouvelle façon d'agir se mette en place naturellement. La fréquence d'utilisation des mots *transformation, révolution, réforme, changement* dans les ouvrages en langue française entre 1800 et 2005 est révélatrice de ces mutations. Alors que révolution tenait le haut du pavé au début du XIXe siècle, les concepts de transformation et de réforme étant relativement inconnus. À la fin de la Première Guerre mondiale, les quatre concepts

---

13. HALÉVY, *Carnets*, t. I, 1867, p. 147.

vont être utilisés à l'étiage. Révolution et transformation connaissent leur paroxysme en 1968 pour faiblir ensuite, laissant seule la notion de changement s'imposer dans le débat public. Cela montre que le changement a été intégré comme ce progrès au temps long, loin des soubresauts et accélérations. Même D. Cohn-Bendit, l'anarchiste Dany le Rouge, semble pencher en faveur du réformisme quand il affirme, dès le 20 mai 1968, « que je ne crois pas que la révolution soit possible du jour au lendemain. Je crois que nous allons plutôt vers un changement perpétuel de la société, provoqué à chaque étape par des actions révolutionnaires ». « Ce n'est pas une révolution, sire, c'est une mutation », était-il alors écrit sur les murs de l'université. Du socialisme évolutionnaire du milieu du XIXᵉ siècle à mai 1968, rien de neuf sous les pavés.

Ce réformisme évolutionnaire n'a pas prémuni la France d'épisodes révolutionnaires. En critiquant l'inefficacité de la réforme à la française, une certaine école intellectuelle voudrait même faire de la France un pays ne changeant que par la révolution. Du « nous ne parvenons pas à accomplir des réformes autrement qu'en faisant semblant de faire des révolutions » de Jacques Chaban-Delmas à l'Assemblée nationale, en 1969, à la phrase attribuée à Raymond Aron à destination du général de Gaulle « les Français font de temps en temps une révolution mais jamais de réformes », cette idée-là n'est pas neuve et continue de faire des émules. Jacques Attali en mai 2013 affirme que « Cela renvoie à ce qu'est ce pays. Il ne se réforme jamais. C'est un pays qui avance par révolution » même si l'intellectuel précise qu'il souhaite qu'elle soit de nature démocratique. Plus récemment, Nicolas Baverez dans *Le Point* en juin 2015 nous dit que « la clé du redressement de la France passe par une révolution intellectuelle et morale comme à la Libération ». Le parallèle est régulièrement dressé entre

1785-1789 et notre époque sur fond de difficultés économiques et sociales, endettement public excessif, hausse de l'inactivité, conservation des rentes et privilèges, complexité législative et d'une incapacité du pouvoir à réformer en profondeur. Les autres exemples régulièrement avancés sont les convulsions de 1815, 1830, 1870, et plus encore, 1958 qui a permis l'instauration de la Ve République et l'ouverture de ce qui est de plus en plus mythifié comme un âge d'or français des années 1960 et 1970. Si le changement révolutionnaire permet de réinventer complètement un modèle, il souhaite ensuite le figer et l'inscrire dans le temps. Ce discours radical ne convient pas à l'accélération des pressions extérieures et aux phénomènes de disruption.

L'absence de changement alors qu'on le sent impérieux est éminemment anxiogène. La dissonance provoque une tension telle que certains préfèrent la réalisation du pire annoncé dans une logique de purge. C'est le « çavapétisme », terme rapporté par Éric Le Boucher pour décrire les milieux économiques qui désespèrent de l'absence de réforme et en viennent à attendre un changement violent et désordonné malgré son lot d'incertitudes. Paul Valéry disait « qu'une révolution est produite par la sensation de lenteur d'une évolution. Si les choses changent assez vite, pas de révolution[14] ». Que les choses n'aillent pas assez vite est sans doute l'angoisse d'un nombre croissant de Français. Après les élections régionales, ce qui frappe d'abord dans le flot des commentaires, c'est la grandiloquence des mots entre *choc*, *séisme* et *score historique*. Pourtant, rien de nouveau depuis l'entrée en scène du Front National à Dreux en 1983, ses 11% aux européennes de 1984, l'arrivée de Jean-Marie Le Pen au second tour des présidentielles en

---

14. Valéry, *Suite*, 1934, p. 69.

2002, au 6 millions de voix de Marine Le Pen en 2012 et au FN « premier parti de France » lors des européennes de 2015. La cause du succès croissant de ce parti c'est le vide. L'absence de résultats à droite comme à gauche, l'absence de projets de société à droite comme à gauche, l'absence de renouvellement des têtes à droite comme à gauche, voilà ce qui fait que des gens choisissent de soutenir le Front National. La politique c'est l'art de mener le changement à l'échelle de la plus vaste des organisations humaines, la Nation. Mais le changement n'est ni incarné, ni assumé, ni même proposé par les partis traditionnels. Alors que le changement sous pression de l'environnement extérieur, notamment des conditions de financement du déficit, peine à se faire sentir, le recours au vote Front National et à l'abstention pour le provoquer se renforce.

Le problème est que la France n'a pas connu sa crise, à l'inverse d'autres pays qui se sont réformés, de la Suède de 1991 à l'Espagne de 2011. Les conditions économiques se sont dégradées, la richesse par habitant a stagné, le déclin a été acté mais la crise, celle qui passe au révélateur, n'est pas encore survenue. Nous n'avons pas encore rencontré notre crise, l'instant où se révélera l'ambivalence de vivre dans un monde de concurrence en étant non compétitif, de maintenir un fort niveau de protection sociale sans s'en donner les moyens, le moment où il faudra faire des choix. Si la France n'a pas connu sa crise, c'est parce qu'elle était un des pays les plus riches du monde et qu'elle parvient encore à financer un système fondamentalement déséquilibré par la liquidation progressive du patrimoine national. Le politique peut donc encore se satisfaire de la posture de gestionnaire du passé, de ronds-de-cuir qui essayent de maintenir un modèle dont le dernier grand choix est le passage aux 35 heures il y a presque vingt ans, le reste n'étant que déplacement de curseurs à la marge.

Malheureusement le contexte mondial semble pouvoir laisser perdurer cette situation de non-choix quelques années encore. Les immenses liquidités émises par les banques centrales ne vont disparaître du jour au lendemain et les investisseurs doivent trouver des placements sûrs. Au fur et à mesure que des grands pays, à la recherche de l'équilibre budgétaire, réduisent leurs programmes d'émissions de dette souveraine, la dette française devient une destination refuge avec plus de 200 milliards d'euros qui seront émis en 2016. Elle reste une signature de qualité pour les investisseurs qui l'arbitrent face à des pays émergents, offrant au gouvernement l'opportunité d'emprunter encore quelque temps à taux bas. La remontée des taux d'intérêt des banques centrales, Federal Reserve dès la fin d'année 2015 et Banque centrale européenne fin 2016, ne marquera donc pas le début de la crise.

La France doit donc réaliser son changement de l'intérieur, comme l'Allemagne de 2002. L'heureuse nouvelle est que la nécessité d'un changement d'ampleur se retrouve partout dans la société française. Alors qu'une partie de la classe politique, de droite, de gauche et d'extrême droite est tentée de se laisser bercer par la mélodie du retour de la croissance, en espérant qu'elle nous ramène dans les territoires connus des – 3 % de déficit et de la gestion sans choix, les Français font un diagnostic sombre de la situation actuelle. Près des deux tiers d'entre eux pensent que le pire reste à venir, soit la position la plus pessimiste d'Europe, n'étant dépassée en ce sens que par Chypre. Dans ce contexte, le chômage cristallise les inquiétudes de deux tiers des Français contre 16 % des Allemands et 22 % des Britanniques. La situation de l'emploi en France, jugée mauvaise par 96 % des Français, place le pays en troisième position selon ce critère, derrière la Grèce et l'Espagne. Alors qu'elle occupe une partie importante des débats nationaux, l'immigration est trois fois moins citée en France que dans les pays voisins[15]. Sondage après sondage, leur désir de changement s'exprime de plus en plus fortement. Aujourd'hui, les Français sont 89 % à approuver l'idée selon laquelle la France a besoin de réformes pour faire face au futur dont près d'un Français sur deux tout à fait d'accord. Parmi les mesures à engager, plus des trois quarts plébiscitent la réduction du déficit public et de la dette.

Les études qualitatives permettent de comprendre la réalité vécue au-delà des chiffres. Le chômage est constamment évoqué, donnant l'impression de toucher l'ensemble de la population, induisant une angoisse pour ses proches ou d'être à son tour concerné. Le chômage se double d'un sentiment de fragilisation, pas forcément lié à la survenance d'un accident mais un sentiment d'équilibre permanent avec un risque de basculement immédiat. C'est la proximité avec les situations vécues par les héros de films dramatiques comme *Deux jours, une nuit* ou de *La Loi du marché* qui en fait leur succès. Avec une grande compréhension des responsabilités, les Français n'incriminent pas comme responsable un capitalisme aveugle mais bien l'incapacité de la société française à créer collectivement de la richesse, la faute à une désincitation au travail, une ponction trop importante des profits et revenus et une mauvaise allocation des dépenses publiques. Enfin, peu à peu, l'idée d'irréversibilité fait son chemin et contamine le corps social, donnant l'amère impression que cette douce et longue pente ne pourra peut-être jamais être remontée. Face à cela, ils constatent jour après jour l'impuissance publique.

---

15. Eurobaromètre standard 82, novembre 2014.

L'impuissance à mener le changement

En politique, la voie est étroite entre le changement progressif et l'inaction. Pour s'inscrire en contraste avec l'écueil de l'immobilisme, c'est le thème de la rupture que mobilise Nicolas Sarkozy en 2007, souhaitant incarner le candidat des réformes.

Cette rhétorique de la réforme a éminemment bien fonctionné jusqu'à sa banalisation. Pour donner de l'ampleur à des changements mineurs, voire des ajustements techniques, la communication politique a mobilisé la puissance du mot jusqu'à l'épuiser. Aujourd'hui, des décisions politiques les plus importantes comme la forme de l'organisation territoriale aux plus anodines comme les rythmes scolaires, tout est réforme. Il serait plus sage de bannir le mot « réforme » du vocabulaire tant il a désormais pris une connotation négative et renvoie à l'adaptation des objectifs à la dégradation des résultats. Il s'agit de maintenir en façade le ratio d'efficacité plutôt que d'essayer d'améliorer l'efficience du système, autrement dit d'obtenir de meilleurs résultats avec les mêmes moyens. La réforme n'est plus là aujourd'hui que pour désigner l'action quotidienne des responsables politiques. Elle a perdu sa force le jour où les commentateurs ont commencé à distinguer ce qui était « vraies » et « fausses » réformes ou à utiliser le péjoratif de « réformettes ». Dans le même temps, chaque mandat est marqué par sa balafre, sa grande réforme inachevée, fille de l'impréparation ou du manque de doigté. Reviennent en tête l'enterrement du projet de loi Savary en 1984, le sacrifice propitiatoire de l'écotaxe en 2013, le plan Juppé en 1995, l'échec de la réforme du ministère des Finances en 2000, le retrait du contrat première embauche de Dominique de Villepin en 2005, sans oublier l'abandon précoce de la TVA sociale en 2007.

L'impuissance du politique se mesure à l'aune des boucs émissaires qu'il désigne. Le pouvoir technocratique imposé par Bruxelles, la mondialisation inarrêtable qui balaie les peuples, les leviers de la politique monétaire cédés font que l'État ne pouvait pas tout en 1997[16] et ne peut plus rien vingt ans plus tard. Pourtant le politique s'est lui-même privé de marges de manœuvre. Il a patiemment mais sûrement créé la prison dans laquelle il se plaint aujourd'hui d'être enfermé. Les différents partis pratiquent la même politique, celle de la facilité. C'est ainsi qu'on use et abuse des crédits d'impôts et niches fiscales plutôt que de faire une réforme globale de la fiscalité, mitant le système et anémiant la confiance des citoyens dans leur système de prélèvements obligatoires. C'est ainsi qu'on préfère passer de manière uniforme le rabot sur toutes les dépenses, y compris celles utiles comme la santé ou la justice, sans penser une stratégie réfléchie d'abandon et de redéploiement des ressources. C'est ainsi qu'on favorise la politique des petits pas, celle du changement incrémental, parfois infinitésimal, au risque d'épuiser un pays qui a l'impression de patiner, par peur de ne pas réussir les grandes transformations. C'est ainsi qu'on réforme *a minima* pour passer les trous d'air de la conjoncture sans chercher à activer les leviers de la croissance de long terme.

D'États généraux en conférences sociales, d'assises en Grenelles, de pactes en accords, c'est l'heure de la

---

16. Réagissant à la suppression de 7 500 postes chez Michelin en 1999, Lionel Jospin, alors Premier ministre, dit au JT de France 2 une phrase : « Il ne faut pas tout attendre de l'État [...]. Je ne crois pas qu'on puisse administrer désormais l'économie. [...] Tout le monde admet le marché. »

délégation, le règne de la codécision. Le droit mou voire flou prédomine, sacrifiant la verticalité du pouvoir au profit d'une horizontalité vécue comme une échappatoire à l'inaction. Alors que le président de la République français est l'un des hommes les plus puissants par l'étendue des pouvoirs qui lui sont conférés et par le volume des dépenses publiques qu'il contrôle, il affirme qu'il n'a plus de marges de manœuvre. Il dépense vingt-cinq fois le budget des dirigeants de Google chaque année mais se trouverait dépourvu. On comprend pourtant la qualité des institutions françaises quand, jetant un œil par-dessus les Alpes, on voit les efforts déployés par Matteo Renzi pour mener une réforme constitutionnelle susceptible de lui donner les moyens de mener des réformes économiques et sociales. Le régime présidentialiste français s'avère bien adapté au besoin de personnification du pouvoir dans un monde où l'autorité est plus diluée que par le passé. La demande d'autorité des Français, est forte. Neuf Français sur dix, sans distinction significative entre gauche et droite, jeunes et vieux, estiment que l'autorité est une valeur trop souvent critiquée[17]. Il ne s'agit pas d'une recherche effrénée d'autoritarisme mais de sentir la détermination d'un dirigeant à emmener dans la direction qu'il aura tracée. On distingue encore le décideur public du dirigeant d'entreprise. Dans son origine latine, décider signifie retrancher, réduire le champ des possibles, alors que diriger reflète l'action de donner une direction déterminée. Décider est donc préalable à diriger et le politique n'avait besoin que de décider, l'exécution se faisant ensuite naturellement par l'administration. Cette

---

17. Ipsos, Centre d'études politiques de Sciences Po (Cevipof) et Fondation Jean-Jaurès, *France 2013 : les nouvelles fractures*, janvier 2013 ; *France 2014 : les nouvelles fractures 2*, janvier 2014.

distinction ne fait plus sens et il est grand temps que les décideurs publics deviennent, eux aussi, des dirigeants.

Conscients de la réduction des marges de manœuvre de l'État, les Français incriminent doublement les responsables politiques. D'un côté, la classe politique ne serait pas capable de réaliser le changement. À l'absence de renouvellement des personnalités, s'ajoute surtout une absence de contenus à la fois sur le fond et dans les mots. C'est tout le paradoxe des démocraties modernes, notamment en régime présidentiel, qui valorisent de plus en plus pour la conquête du pouvoir des qualités proches de celle d'une star du divertissement, empathie, humour, sens du spectacle et de la répartie, alors qu'elles sont radicalement différentes de celles nécessaires pour exercer ce pouvoir dans des systèmes complexes, fermeté, rationalité et une certaine distanciation. De l'autre, de plus en plus de citoyens expriment le malaise qu'ils ressentent face au sentiment d'un blocage volontaire de la part des dirigeants politiques, ces derniers ne souhaitant pas changer pour conserver des avantages acquis et le soutien de groupes d'influence. Ce malaise contribue à la forte montée de la défiance envers les responsables politiques. Ceux-ci ne jouent plus leur rôle de courroie de transmission naturelle entre les changements individuels et les institutions.

Cette inexécution peut trouver sa source dans plusieurs explications mais écartons d'emblée la malhonnêteté. Les hommes et femmes politiques ne cherchent pas à jouir inconséquemment de l'exercice du pouvoir. C'est une vocation tellement difficile, tellement risquée, qu'il est nécessaire d'avoir une véritable conception de l'intérêt général et la volonté de vouloir concrètement améliorer la situation économique et sociale pour atteindre ce niveau de responsabilité. Il ne s'agit pas non plus d'un problème de système et les exhortations à une sixième république sont, pour l'instant, des préoccupations de second ordre. Il est facile de dire que le mode de sélection des politiques est à revoir, la réalisation de cette hypothèse est si lointaine qu'elle revient à entériner les travers du système actuel. Les propositions inscrites dans les programmes ne sont pas les fruits d'un absolu cynisme. Si elles ne sont pas appliquées, il s'agit plus certainement d'un manque de capacité dans l'exécution du projet politique, cet art de gouverner dont parle Guy de Maupassant. Les politiques sont paralysés, paralysés de ne pas réussir, d'échouer dans l'exercice du pouvoir. Ils sont conscients de la nécessité du changement d'ampleur. En privé, peu sont ceux à qui échappe la nécessité du changement. Évidemment tous ne maîtrisent pas tous les enjeux notamment lorsqu'ils touchent à l'innovation technologique, et L. Alexandre ne manque pas une occasion de fustiger le fait que le président de la République n'a pas d'ordinateur sur son bureau. Mais Michel Serres est trop dur quand il juge que : « La plupart des politiques ne [savent] rien du monde moderne, c'est effrayant et impressionnant[18]. »

Les responsables politiques ne sont pas, par nature, hostiles au changement mais ils ne sont pas prêts. Ils ne sont pas prêts car ils pensent qu'un gouvernement réformiste ne sera pas élu et encore moins réélu. Ils ne sont pas prêts car ils jugent, à tort, que leurs concitoyens ne le sont pas. En réalité, contrairement à la croyance populaire, les responsables politiques ne gouvernent pas par sondages puisque ceux-ci présentent souvent un visage beaucoup plus réformiste qu'attendu. Le jugement sur les Français non prêts aux réformes n'est que le reflet d'une pratique

---

18. Propos recueillis par VALDIGUIE Laurent, « Entretien avec M. Serres », in *Le Journal du dimanche*, 17 mai 2015.

politique qui pousse à voir les citoyens les plus désespérés et à être influencés par des intermédiaires dépassés qui ne représentent plus que des minorités. Cet aspect-là est en train d'évoluer et ils sont de plus en plus nombreux à prendre conscience de l'appétence pour la réforme parmi les abstentionnistes, autant d'électeurs susceptibles de revenir dans le jeu démocratique, accrochés par un projet avec la méthode pour boussole. Concernant la réélection, les responsables politiques ne veulent pas tous accepter le sacrifice de la popularité. Tous ont vu les cotes d'amour respectives de Margaret Thatcher et de Jacques Chirac dont deux tiers des Français pensent qu'il a été un bon président. Le Raymond Barre de Matignon avait beau répéter « On est toujours puni quand on n'a pas de courage », rares sont ceux qui sont prêts à assumer le coût du réformisme. Pourtant la transformation bien menée peut amener des résultats positifs et conduire à la réélection, comme l'ont été de nombreux dirigeants ailleurs dans le monde. Les politiques français n'étant pas moins capables qu'ailleurs, ils doivent d'abord être remis en situation de réussir. Une méthode bien faite est susceptible d'y répondre.

2

LE DIAGNOSTIC, L'IMPÉRATIF DE SE METTRE COLLECTIVEMENT D'ACCORD

La tendance, chez nous, c'est de faire l'économie du diagnostic et de monter en épingle la petite intuition géniale qui a surgi le matin même.

Nicole NOTAT.

Le processus de changement doit débuter par un diagnostic, formulation explicite de la prise de conscience des nouvelles règles du jeu par les acteurs concernés. La conviction de la nécessité de changer peut provenir d'un cheminement spontané. C'est le cas d'une grande partie des Français qui constatent la dégradation du modèle socioéconomique qui leur est proposé. Elle peut aussi être influencée par des acteurs dotés d'une légitimité forte et d'une expertise reconnue.

Dans sa forme la plus aboutie, le diagnostic s'établit par un travail de comparaison dans le temps et l'espace, qui vient se confronter à l'avis des parties prenantes, pour constituer une représentation réaliste qui puisse servir de socle à un projet de transformation. Pour que la discussion porte sur les voies du changement et non sur la nature du diagnostic, celui-ci doit être incontestable et perçu de la manière la moins partisane possible. Il ne doit pas être le diagnostic du Front national, du Parti socialiste ou du parti des Républicains, mais le diagnostic de tous les électeurs. Il ne doit pas être le diagnostic d'un patron ou de son prédécesseur mais celui de tous les salariés. C'est la caractéristique cardinale du diagnostic, il doit viser à l'œcuménisme.

Souvent, on entend dire que nous savons ce qu'il faut faire, que tout le monde connait les maux du pays, que les étagères sont pleines de rapports, qu'il suffit d'avoir du courage... C'est faux. Le diagnostic n'est pas fait et il suffit de prendre quelques instants avec différents responsables politiques pour avoir autant de versions divergentes de ce que sont les problèmes essentiels que nous devons affronter. Certains obstacles prétendument fondamentaux sont absolument secondaires tandis que d'autres ne sont fondés sur aucune réalité statistique mais le simple fruit de la répétition. La politique française souffre d'une incapacité à réaliser un tel diagnostic déclenchant controverses et polémiques sur le constat lui-même. Il suffit de regarder une émission politique pour voir des batailles de chiffres homériques, des accusations de mensonge statistique, l'invocation de chiffres faux ou de contre-vérités pour justifier les positions les plus absurdes, jusqu'à bafouer la légitimité des organes statistiques nationaux ou européens. En l'absence de diagnostic commun établi, le débat porte sur la perception du réel plutôt que sur les différentes solutions de tel parti ou telle personnalité. Factuel et aussi objectif que possible, le diagnostic doit permettre d'expliquer pourquoi la réforme doit prendre place à tel endroit et à tel moment. Loin d'un exercice d'autoflagellation, il doit permettre l'émergence des points forts autant que des points faibles pour préparer le terrain aux futures solutions, même si on attend d'abord des responsables politiques qu'ils interviennent dans les domaines qui ne fonctionnent pas plutôt que dans ceux qui s'autorégulent.

De l'utilité des comités Théodule

Le diagnostic oblige à un long travail d'expertise qui permette de faire le départ entre le conjoncturel et le structurel, de démêler les causes réelles des phénomènes identifiés dans l'opinion, de revenir à des problèmes-sources, de trouver des approximations de phénomène non mesurés, de battre en brèche des idées préconçues. L'analyse s'appuie d'abord sur un appareil statistique qui n'a jamais été aussi abondant et harmonisé qu'il soit national avec l'Insee, européen avec Eurostat et même mondial avec l'OCDE et la Banque mondiale. Les responsables politiques en France ne manquent pas de comités, de conseils, de commissions, d'autorités sans compter les rapports *ad hoc* commandés à l'administration, pour se forger une idée précise de la situation actuelle. Entre Conseil d'orientation pour l'emploi, Conseil d'analyse économique, Conseil d'orientation des retraites, Haut Conseil du financement de la protection sociale dépendant du Commissariat général à la stratégie et à la prospective, les capacités d'analyse sont abondantes et de qualité. Au total, la liste des commissions et instances consultatives ou délibératives en annexe au projet de loi de finances pour 2015 n'en recense pas moins de 536 placées directement auprès du Premier ministre ou des ministres[1]. L'idée n'est pas de les condamner en tant que tels, ainsi que le fit un peu abruptement le général de Gaulle en 1963 en affirmant, dans un excès de populisme, ne pas être intéressé par « ce que peuvent penser le comité Gustave, le comité Théodule ou le comité Hippolyte, [mais par] ce que veut le pays ».

Au surplus des organismes permanents, les rapports sur des sujets spécifiques ne manquent pas, qu'ils soient commandés à l'administration, notamment les différentes inspections générales, ou à des groupes d'experts pour éclairer les enjeux sur une potentielle réforme. La Ve République est riche de rapports chargés d'établir des diagnostics spécifiques avec comme ancêtre tutélaire, le comité Rueff-Armand. Ce comité est formé en 1959 aux débuts de la présidence de Charles de Gaulle pour faire des propositions sur la suppression des obstacles à l'expansion économique[2]. Il remet son rapport au Premier ministre au bout de sept mois avec un important travail de diagnostic, intitulé « L'inventaire des obstacles : rigidités et déséquilibres » dont une partie consacrée spécifiquement à la méthode du changement « Mentalités et comportements indifférents ou hostiles au changement », pointant du doigt le poids du passé, la force des groupes d'intérêts, la conscience insuffisante des réalités, les lacunes de l'information et la

---

1. Évidemment tous ne sont pas dédiés à la réalisation de diagnostics, un certain nombre, comme la Commission des téléphériques ou la Commission centrale des appareils à pression, se contentent de l'administration dans les multiples domaines d'intervention de l'État.

2. La vice-présidence du Comité était assurée par Jacques Rueff, économiste libéral qui venait de participer au plan Pinay-Rueff d'assainissement des finances publiques et aboutit à la constitution du nouveau franc, et par l'ingénieur Louis Armand, ancien directeur général et président de la SNCF. Au total, la commission comprenait douze experts et hauts fonctionnaires

faiblesse de l'enseignement. Clemenceau avait en son temps critiqué l'inutilité de ce recours à l'expertise technocratique par une formule devenue célèbre « En France, quand on veut enterrer un problème, on crée une commission. » Le discrédit jeté sur ces rapports provient bien plus de la non-exécution de leurs recommandations que de la qualité intrinsèque de leur diagnostic. Parmi les recommandations du comité Armand-Rueff, certaines, comme la libéralisation du secteur des taxis, sont régulièrement ressorties pour montrer que rien ne change.

Ce recours à l'évaluation externe, au regard extérieur, est un outil régulièrement utilisé dans le secteur privé. Dans les entreprises, faire appel à une commission ou à un expert est même un préalable indispensable pour établir des diagnostics à l'intérieur de l'entreprise. Elle se fait soit par l'intervention de cabinets de conseil, soit de personnalités reconnues qui permettent de faire passer la situation actuelle de l'implicite à l'explicite. À son arrivée à la tête de France Télécom en 2002, Thierry Breton fait appel à une personnalité extérieure, le banquier d'affaires Jean-Baptiste Toulouse, pour mener un exercice d'appréciation stratégique du groupe. Elle permit au P-DG d'obtenir un diagnostic précis sur l'entreprise, réalisé par un tiers jugé expert et réputé neutre, et donc susceptible d'emporter l'assentiment des parties prenantes. L'intervention extérieure permet également d'apporter à la fois des éléments de comparaison extérieurs qui montrent la réalité de l'entreprise dans un marché concurrentiel et des outils de mesure nouveaux comme la rémunération moyenne par personnel en place, un système de mesure de l'évolution de la rémunération au-delà des augmentations générales[3].

---

3. Il serait d'ailleurs bon d'utiliser davantage cet indicateur dans la fonction publique où le gel du point d'indice est régulièrement brandi

Ce diagnostic est postérieur à la nomination. Les administrateurs, qui ont choisi ou avalisé le chef d'entreprise sur son expérience, lui laissent en général quelques mois, six mois pour Ghosn à Nissan, cent jours chez Alcatel-Lucent, pour observer et produire un diagnostic à l'aide de ses conseils. À l'inverse, les cent premiers jours du responsable politique doivent déjà être ceux de l'action. On attend qu'il se présente à l'élection avec un projet et donc qu'il ait établi son diagnostic, analyse complète du pays, au préalable. En effet, la situation de l'État est publiquement connue, avec une granularité plus fine, alors que l'accès aux chiffres précis d'une entreprise, hors publication financière, n'est possible qu'une fois en poste. On notera que les récentes nominations de patrons d'entreprises publiques, comme à France Télévisions, ont été calquées sur le modèle politique. Les différents candidats se sont vu demander des projets et donc des diagnostics relativement précis lors de leur passage devant les autorités chargées de la désignation.

L'idéal serait que les responsables politiques réalisent un travail de diagnostic, au moins dans ses grandes lignes, avant qu'ils n'arrivent au pouvoir. Si l'accès aux moyens matériels est réduit pour le responsable politique dans l'opposition, réaliser le diagnostic peut s'appuyer sur l'abondance de données et capitaliser sur les travaux de qualité précédemment réalisés. Rien de révolutionnaire dans cette proposition, malheureusement l'histoire récente nous montre que cela n'a jamais été fait avant l'arrivée au pouvoir.

---

comme la preuve irréfutable d'un gel des salaires. À titre d'information, un agent de la fonction publique de l'État présent en 2012 a vu son salaire croître de 0,5 % au cours de l'année.

On peut prendre l'élection de François Mitterrand comme une illustration de l'absence de travail de diagnostic. Lié par des promesses de campagne établies sur une base purement idéologique et électoraliste, le président se heurte rapidement au réel. S'ensuit un changement de cap progressif tout au long de l'année 1982, un peu vite résumé sous le tournant de la rigueur pour désigner les mesures restrictives accompagnant la dévaluation du 25 mars 1983[4]. L'erreur du candidat Mitterrand et de ses équipes a été le refus dans la préparation du projet de 1981 d'analyser le contexte économique international, marqué par les conséquences désastreuses du second choc pétrolier de 1979 qui touche particulièrement une économie française fortement internationalisée. Il y avait à la fois une incompréhension, sans doute un peu volontaire, des mécanismes de transfert de richesse en environnement ouvert et une moindre fiabilité des chiffres à un moment où la réflexion sur les positions extérieures des différents pays commençait seulement. La non-intégration de la nouvelle contrainte européenne dans le diagnostic préélectoral est aussi patente. Finalement, en refusant de sortir du système monétaire européen (SME) et des critères de convergence pour ne pas compromettre la relance de la construction européenne, la politique économique se révèle beaucoup plus contrainte.

1995 est le théâtre d'une même tentation de s'abstraire du réel. Coincé entre le Premier ministre sortant Édouard Balladur et le candidat socialiste Lionel Jospin, Jacques Chirac fait campagne en mettant en avant la réduction de la fracture sociale, autrement dit un soutien redistributif aux

---

4. GALEAZZI Floriane et DUCHAUSSOY Vincent, *1983 : le « tournant » en question*, note n° 90, Fondation Jean-Jaurès, 2 mai 2011.

catégories populaires et des baisses de charges financées par une baisse du chômage à la faveur de réformes structurelles peu détaillées. C'était délibérément ignorer les critères de convergence macroéconomique établis à Maastricht pour préparer l'introduction de la monnaie unique. La France était alors sous le coup d'une procédure pour déficit public excessif. Pour se rapprocher du chiffre fixé par le Conseil européen (– 4,2 %), le gouvernement Juppé annonce dès le mois de juin 1995 un plan d'urgence pour l'emploi et des augmentations d'impôts (TVA, ISF, impôts sur les sociétés). La réduction des dépenses est annoncée et aboutira à la fin de l'année par les propositions sur la réforme de la sécurité sociale et de l'assurance maladie.

Le dernier quinquennat a eu, lui, recours à une commission chargée d'établir un diagnostic et des recommandations mais après son entrée en fonction. Par le caractère transpartisan des personnalités placées à leur tête, sa composition essentiellement faite d'experts et de patriciens, l'audition d'un grand nombre d'acteurs, cette commission s'inscrit parfaitement dans la logique d'un diagnostic irréfutable et largement partagé. Le président François Hollande confie en juillet 2012 à Louis Gallois une mission sur la compétitivité de l'industrie française. Dans une première partie, il est fait le diagnostic d'un véritable décrochage de l'industrie française. Reprenant partiellement les conclusions de la Conférence nationale de l'industrie en 2011, les auteurs pointent du doigt la déstructuration de l'industrie française. L'industrie française serait prisonnière du milieu de gamme en matière de qualité et d'innovation, se retrouvant prise en tenaille entre la qualité d'autres productions européennes et celles plus compétitives sur les coûts des pays émergents. La préservation de la compétitivité-prix se serait faite au détriment de sa compétitivité hors-prix, ce qui rendrait d'autant plus difficile la montée en gamme. Le rapport, pour éviter de faire doublon, ne reprend pas les faiblesses générales déjà évoquées dans d'autres rapports précédemment, notamment le rapport Attali de 2007. Cette conclusion sur la faiblesse des marges est une idée nouvelle par rapport à ce qui a fait le cœur de la campagne de 2012, permettant de légitimer le virage en faveur de la baisse des charges des entreprises. Les commissions doivent à tout prix éviter d'être un remède, six mois après l'élection, pour modifier des programmes dépourvus de diagnostic ou des outils de décrédibilisation du bilan du gouvernement précédent affirmant que la situation trouvée est pire qu'attendue.

Pour savoir ce qu'est un bon travail de diagnostic, il est possible de regarder ce qu'a fait l'Allemagne. Les fameuses lois Hartz, devenues figures tutélaires des réformes idéales du marché du travail, prennent leur source dans une commission instituée par le chancelier Schröder en février 2002, sept mois avant la fin de son premier mandat. Le rapport Hartz remis en août 2002 – on voit que les six mois de travail sont une durée plancher qu'il est difficile de compresser – est assumé par G. Schröder. La cérémonie de remise dans l'église française de Berlin, un mois avant les élections, se veut solennelle et théâtrale. Le rapport est un coup politique, il prône une évolution radicale du marché du travail, tout en étant moins offensif que les conservateurs de droite, évitant ainsi de perdre le soutien des syndicats. P. Hartz promet une division par deux du nombre de chômeurs qui culminent alors à 4 millions en Allemagne, en hausse de 500 000 depuis l'arrivée du chancelier Schröder en 1998[5].

5. Au final, en dépit de la qualité de ce travail, les commentateurs s'accordent à dire que ce sont les événements extérieurs, opposition

La commission comportait quinze membres choisis par le Dr Hartz lui-même, personnalité reconnue et légitime en tant que directeur du personnel de Volkswagen, où il avait grimpé tous les échelons, et bénéficiant d'une certaine antériorité politique étant membre du Parti social-démocrate depuis ses 23 ans. La commission comprenait des universitaires, des syndicalistes, des chefs d'entreprise et des responsables politiques réformistes. En revanche, la commission n'incluait aucun fonctionnaire du ministère du Travail et plusieurs grandes organisations syndicales, salariales et patronales, n'étaient pas représentées. La composition de la commission incarnait une rupture forte et assumée avec le modèle traditionnel de tripartisme consensuel. En effet, la commission Hartz avait été créée suite à un scandale sur les chiffres du chômage éclaboussant l'Office fédéral du travail, instance de décision tripartite, salariés, employeurs, ministère du Travail, assurant la gestion de la politique de l'emploi. Pendant sept ans, il avait été impossible de parvenir à un accord sur des mesures de lutte contre le chômage parce qu'un diagnostic partagé faisait défaut. Une opinion keynésienne sur une insuffisance de la demande et le partage du temps de travail affrontait une opinion plus libérale sur les rigidités salariales et une incitation trop faible au travail. La commission Hartz tranchera en faveur de cette opinion plus libérale. Cela montre que l'exercice de commission n'échappe pas à des considérations subjectives et donc à une conviction initiale de la part du dirigeant. En d'autres termes, le diagnostic

---

à une intervention en Irak et bonne gestion des crues en Allemagne de l'Est, qui auront permis aux socialistes de l'emporter de justesse. D'ailleurs, après son élection, le chancelier tergiversera six mois avant d'embrasser ces mesures sous la pression de la dégradation continue du marché du travail.

peut tendre vers la rationalité mais on n'en attend pas la stricte neutralité.

Comparaison internationale sans ingérence

Un grand nombre d'acteurs, cabinets de conseil, institutions internationales, cercles de réflexion, se sont lancés dans la production de classements, des pays les plus compétitifs, les plus attractifs pour les investisseurs, les plus ouverts à l'extérieur... Un classement est un outil de simplification du réel, établissant un diagnostic relatif dans l'espace pour savoir où un pays se situe par rapport aux autres. Il aide à rationaliser les comportements des acteurs économiques qui comprennent une large composante psychologique. Ceux-ci se tournent de plus en plus vers ces classements comme source d'information fiable, que ce soit le rapport sur le climat des affaires de la Banque mondiale, sur la compétitivité du World Economic Forum ou sur l'attractivité fiscale de la Banque mondiale. Ce type d'outil est performatif. Ce mécanisme est d'ailleurs observable dans le domaine de l'éducation, où le classement de Shanghai et ses critères font loi. Certains pays adaptent d'ailleurs leur politique économique en fonction, la Russie a annoncé publiquement sa volonté de rejoindre le top 20 dans le classement du climat des affaires d'ici à 2018, le pays occupant aujourd'hui la peu attractive 112e place.

Il s'avère que l'image de la France est plutôt dégradée dans ces classements : 31e dans le rapport Doing Business, 23e dans le Global Competitiveness Report ou 95e dans le classement sur l'attractivité fiscale. Les diagnostics de ces derniers à propos de la France convergent : un marché du travail qui conduit à réduire le temps de travail global, une fiscalité complexe et inopérante, conjuguée à des déficits publics élevés et des marchés de biens et services rigides avec de fortes barrières à l'entrée.

Dans le domaine de l'éducation, tous les trois ans depuis 2000, l'OCDE mène une enquête d'ampleur, baptisée Pisa, acronyme pour *Programme for international student assessment*, pour tester les performances d'élèves de 15 ans. Du strict point de vue quantitatif, les résultats de la France dans ces enquêtes sont mauvais, nos écoliers obtenant des scores en compréhension de l'écrit, mathématiques et sciences inférieurs à la moyenne des pays développés. La France se classe en 25e position de l'ensemble des soixante-cinq pays ayant participé à l'étude. Plus grave encore, la dynamique sur les quatre enquêtes réalisées révèle une inquiétante tendance à la baisse. Notre score dans les enseignements de l'écrit nous a fait rétrograder de la 12e à la 21e depuis 2003. En mathématiques, la France descend de la 13e à la 16e place. En sciences, ni notre médiocre position de 26e, ni notre score n'ont évolué. Le pire apparaît lorsqu'on s'intéresse à l'indicateur qualitatif le plus pertinent, à savoir la correction des inégalités de naissance. En France, l'impact du milieu socioéconomique sur la performance des élèves est supérieur à celui dans la moyenne des pays de l'OCDE. Les disparités entre enfants issus de milieux aisés, culturellement favorisés, et les autres y sont plus déterminantes dans la réussite scolaire que partout ailleurs.

Il est tentant de vouloir casser le thermomètre quand il n'indique pas la température souhaitée. Ainsi il a fallu une dizaine d'années pour que les réactions aux performances médiocres des élèves français sortent d'une relative discrétion en France. Aujourd'hui le ministère de l'Éducation nationale commence seulement à les mentionner dans les diagnostics préliminaires aux tentatives de réforme du système éducatif français. Si cette enquête est restée aussi longtemps à l'écart du débat éducatif français, c'est que les classements internationaux ont longtemps été considérés avec le plus grand scepticisme. De nombreuses critiques ont été formulées contre ces classements qui souffriraient de biais méthodologiques et seraient difficiles à interpréter, du fait des écarts culturels entre les pays. Il y a vingt ans, le ministre de l'Éducation François Bayrou décidait même de suspendre la participation de la France à l'enquête internationale sur la compréhension de l'écrit des adultes (IALS), après l'avoir réalisée ... et constaté de mauvaises performances ! Il faudra attendre 2005 pour qu'un rapport commandé par le Haut Conseil de l'évaluation de l'école[6] commence que la France « sous-estime l'importance [de ces classements] en tant que référentiels d'évaluation ».

À l'inverse, les très mauvaises performances des élèves allemands lors de la publication des résultats de la première vague PISA en 2000 avaient provoqué de très nombreuses réactions d'experts et de responsables politiques. L'actualité médiatique y avait été consacrée pendant près d'un mois, le Spiegel se demandant si les élèves allemands étaient « idiots » pendant que la Frankfurter Allgemeine Zeitung évoquait des « notes lamentables ». Suite à cet électrochoc, les mesures prises ont permis au pays de gagner treize points en lecture et vingt-huit points en mathématiques depuis 2000.

Dans le monde de l'entreprise, pour un certain nombre de sociétés de services, les indicateurs standardisés et pilotés par des organismes transnationaux ou des syndicats professionnels font de plus en plus référence. Ainsi les classements de qualité de service des aéroports réalisés par

---

6. Bottani Norberto et Vrignaud Pierre, *La France et les évaluations internationales*, Haut Conseil de l'évaluation de l'école, 2005.

l'Airport Council International (ACI) ou par le cabinet SkyTrax sont devenus des référentiels pour les salariés des opérateurs aéroportuaires sur lesquels sont même indexés des éléments de performance. Cette démarche n'est jamais facile car il faut accepter de se faire mesurer et juger par d'autres.

L'expertise face au ressenti des parties prenantes

Aucun diagnostic en chambre ne peut souffrir l'absence de confrontation parallèle avec ce que pensent les parties prenantes pour parvenir à un diagnostic complet.

Le ressenti des citoyens doit être pris en compte pour réinjecter de la subjectivité dans un diagnostic d'abord pensé rationnellement sur des données abstraites. Il est donc nécessaire d'étudier les possibilités de cocréation du diagnostic *via* des remontées de contributions individuelles et collectives. Ces contributions sont facilement mobilisables à l'aide de plates-formes collaboratives de *crowdsourcing*. Aujourd'hui la plupart des candidats politiques y ont recours.

Dans l'entreprise, cette contribution est également recherchée. Ainsi C. Ghosn a déployé des groupes transverses chez Nissan qu'il a reconduit à son arrivée chez Renault. Ceux-ci consistaient à mélanger des cadres dirigeants avec de jeunes potentiels pour aboutir à une réflexion sur l'entreprise, permettant de court-circuiter les hiérarchies établies et de préidentifier pour la suite les meilleurs porteurs du changement. En perte de vitesse sur un marché hautement concurrentiel et faisant face à des pertes élevées, Alcatel-Lucent a vécu une phase critique en 2013. Pour s'en sortir, un plan de transformation baptisé Shift a été lancé. Lorsqu'il a fallu donner la parole pour établir le diagnostic, tout le monde a été consulté, employés, clients, fournisseurs, investisseurs, partenaires. Le site intranet de l'entreprise et les réseaux sociaux avec une plate-forme collaborative « *Contribute platform* » ont permis de compléter les rencontres et le retour du terrain. Parfois la coconstruction s'avère impossible du fait du nombre des parties prenantes, il faut alors user d'intermédiaires. Ces interlocuteurs doivent être les plus représentatifs possibles, pour éviter la confiscation du débat par des minorités agissantes.

Faire cohabiter le diagnostic réalisé par des experts et le diagnostic issu du ressenti n'est pas toujours chose aisée. Une partie des citoyens peut se demander quelle est l'utilité d'un diagnostic extérieur puisqu'elle se sent parfaitement capable de décrire elle-même les problèmes de ce pays. Les messages et les faits qui étayent le diagnostic extérieur doivent être rigoureusement sélectionnés pour ne pas choquer ou brusquer. Les faits peuvent parfois être trop brutaux et susciter un déni qui emporte tout le travail de conviction entamé précédemment. Déclarer que les Français travaillent trop peu, vérité statistiquement juste, devant un public de travailleurs indépendants qui sont parmi les champions d'Europe en volume horaire avec près de 51 heures par semaine, suscite dissonance et rejet. Il existe aussi un risque que le ressenti individuel joue contre les faits, que cela soit attisé ou non par des populistes. Ainsi l'Insee a régulièrement été décrié pour sa mesure de l'inflation dans les années 2000. Encore l'année dernière, pourtant en contexte d'inflation basse, un tiers des Français estimaient que les prix avaient augmenté de plus de 3 %[7].

---

7. Sondage TNS Sofres pour la Banque de France à l'occasion des Journées de l'Économie 2014.

Le ressenti est très loin du chiffre officiel de l'Insee de 0,3 % d'inflation. Aujourd'hui c'est au tour des chiffres du chômage d'être contestés, tant des définitions différentes existent entre les données mensuelles de Pôle Emploi, mensuelles d'Eurostat et trimestrielles de l'Organisation internationale du travail issues de l'Insee. Cette profusion crée de l'incompréhension pour le citoyen. Cela avait d'ailleurs fait l'objet d'un rapport de l'Inspection générale des finances et de l'Inspection générale des affaires sociales sur les méthodes statistiques d'estimation du chômage en septembre 2007. Celui-ci préconisait de se concentrer sur la statistique mensuelle issue des bases de Pôle Emploi en faisant de cet indicateur imparfait un baromètre de la conjoncture économique.

Lors de l'exercice de transformation d'une entreprise, le dirigeant consulte l'ensemble des parties prenantes, clients, actionnaires, créanciers, salariés, fournisseurs, autorités de régulation, média. Si dans leur relation à l'État, les Français peuvent revêtir à la fois les habits d'actionnaires, de salariés, de consommateurs et même de fournisseurs, il n'en reste pas moins qu'il est également nécessaire de partager un diagnostic avec les créanciers et les investisseurs internationaux, qui représentent un poids croissant de l'activité économique, les partenaires commerciaux et les autorités européennes. Il ne s'agit pas alors de coconstruire le diagnostic mais de prendre en compte les remarques que peuvent formuler ces différents acteurs. Les créanciers sont très largement influencés par les agences de notation des dettes souveraines. L'étude des rapports que produisent régulièrement ces agences permet d'y trouver des éléments sur la rigidité du marché du travail notamment. Des baromètres comme ceux de l'American Chamber of Commerce ou de l'Agence française des investissements internationaux interrogent régulièrement les investisseurs étrangers sur l'image de la France. Là encore, les principaux diagnostics formulés sont ceux de la rigidité du droit du travail et de la complexité du système fiscal. L'intégration économique et l'affermissement du contrôle sur les budgets publics nationaux à la suite de la crise de l'euro en 2010 a forcé la Commission européenne à publier des rapports semestriels sur la situation de chaque État avec des éléments relativement fins de diagnostic. Dans le dernier sur la France, il est notamment fait mention de l'incapacité structurelle du pays à traiter le problème du chômage.

Le diagnostic n'a de valeur que partagé

Une fois le diagnostic établi, l'exercice de communication débute. Chacune des trois premières phases du projet, diagnostic, vision, stratégie, requiert un exercice de communication spécifique mais le diagnostic a ceci de particulier qu'il doit être partagé le plus unanimement possible. On abandonne des soutiens à chaque étape, l'adhésion est plus faible lors de l'exécution qu'à l'annonce de la stratégie, où elle était plus faible que lors de la présentation de la vision, qui elle-même a séduit moins de monde que le diagnostic. Pour être sûr d'arriver avec une majorité lors de l'exécution, le diagnostic doit être impérativement le plus largement partagé possible.

Dans l'entreprise, l'utilisation de la communication interne et les relais hiérarchiques permettent de transmettre le diagnostic assez facilement. Chez Alcatel-Lucent, l'équipe de direction a été en première ligne pour partager le diagnostic, que ce soit à travers les conférences téléphoniques ouvertes à l'ensemble des salariés ou les rencontres organisées avec les collaborateurs de tous les principaux sites du groupe à travers le monde. Cette communication a été appuyée par des messages vidéos reprenant les principaux messages. Cette démarche a été puissamment relayée par les 200 leaders de l'entreprise au sein de leur organisation respective. Enfin, les organisations syndicales ont été un vecteur important d'échange constructif et d'appropriation concertée des conclusions de cette première phase.

La réussite de la transformation de l'administration des Postes, Télégraphes et Téléphones (PTT) tient ainsi à la force du diagnostic partagé sur la modification du statut. Après plusieurs échecs, dont le dernier l'année précédente par manque de débat préalable, le nouveau ministre des PTT, Paul Quilès, lance en 1988 une consultation des syndicats accompagnée d'une forte communication. En martelant la contrainte européenne de mise en concurrence des opérateurs publics, le ministre charge un ancien dirigeant national de la CFDT de préparer un rapport de synthèse reprenant la création de deux entreprises autonomes, la fin du statut pour les nouveaux embauchés et une plus grande autonomie de gestion. La communication qui l'accompagne est intense et s'étale sur dix-huit mois : plus de 8 000 réunions sur le terrain sont tenues, la vidéotransmission permet de toucher en complément 75 000 agents, sept journaux sont distribués à plus de 500 000 exemplaires et un service de réponse aux usagers est installé. Les syndicats prennent part à la discussion des volets sociaux et à la réforme des classifications qui sera finalement signé par la CFDT, Force ouvrière et la CFTC. Les tentatives de grèves sont peu suivies et au Parlement la droite s'abstient, facilitant l'adoption du texte. Le 1er janvier 1991, La Poste et France Télécom naissent en tant qu'exploitants autonomes de droit public.

Dans la vie d'un État, il faut compter sur les médias et sur le degré de maturité de l'opinion publique. Dans un certain nombre de pays, le partage réussi du diagnostic a été précédé d'une érosion du *statu quo*, rendu possible grâce à des tentatives de réformes antérieures qui ont échoué ou ont été insuffisantes mais ont permis de pointer du doigt un problème. Les réformes ont pu ne pas accoucher du point de vue matériel mais ont réussi à effriter la croyance en place et permis la sensibilisation au coût du *statu quo*. C'est le poids du temps dans la transformation. Pour accompagner la propagation du diagnostic, il est possible de compter sur le soutien d'acteurs d'influence qui aident à bâtir cette construction sociale. Les pays et organisations qui réussissent le mieux sont ceux qui assurent la meilleure transmission de l'information entre les différentes parties prenantes, responsables politiques, intellectuels, média, corps intermédiaires, citoyens. Lorsque l'information circule rapidement et de manière claire, c'est-à-dire sans que les positions des uns ou des autres ne soient déformées ou caricaturées, le diagnostic partagé arrive rapidement et peut s'adapter aux nouvelles mutations de l'environnement, libérant du temps pour élaborer des stratégies de réponse soumises au vote.

En France, les multiples travaux de l'institut de recherche COE-Rexecode documentant finement la perte de compétitivité structurelle de la France dans les exportations au cours de la décennie 2000-2010 ont fini, sur la durée, par devenir un point relativement accepté dans la société, coin enfoncé par le rapport Gallois et la communication sur les marges des entreprises en 2012. Il semble en être de même pour la rigidité du Code du travail où des personnalités éminentes ont changé leur point de vue. Ainsi en est-il de la conversion récente et spontanée de Robert Badinter, ancien garde des Sceaux et ancien président du Conseil constitutionnel, et Antoine Lyon-Caen en faveur de la simplification du droit du travail, au titre de son caractère dissuasif pour les embauches. Toutefois, que les déclarations d'amour d'un Premier ministre à l'entreprise continuent de faire les gros titres des journaux ou que des responsables politiques se plaignent des « cadeaux accordés aux entreprises » dans un pays où les entreprises font face à un niveau de prélèvements obligatoires record, montrent que toutes les représentations collectives ne sont pas encore tombées. En effet, si la société française a, dans sa majorité, infiniment évolué sur un grand nombre de sujets comme celui de la compétitivité ou la nécessité de la réduction des déficits publics, d'autres sujets restent encore peu matures, telle la baisse du salaire minimum, en dépit des positions de politiques ou d'économistes tels que Pascal Lamy, Gilbert Cette, Philippe Aghion. Les polémiques déclenchées suite aux propos tenus par Emmanuel Macron à l'université d'été du Medef, « La gauche a pu croire, il y a longtemps, que la France pourrait aller mieux en travaillant moins. Tout cela est derrière nous », démontrent que le diagnostic n'est pas achevé.

Dans la forme, le meilleur moyen de renforcer l'adhésion des parties prenantes est de pratiquer un discours visant à créer un sentiment d'urgence. L'urgence vise à assurer une mobilisation suffisante, en montrant à chacune des parties prenantes à quel point le *statu quo* ne peut plus durer. Cela peut passer par la fixation d'objectifs inatteignables dans le contexte actuel pour attester de la nécessité de repenser les façons de faire. La métaphore de la *burning platform* raconte l'histoire d'un homme qui a dû prendre la décision la plus importante de sa vie, sauter d'une plate-forme pétrolière en pleine mer du Nord dans les eaux glacées cinquante mètres plus bas ou mourir brûlé. Elle a été utilisée pour une entreprise proche du point de rupture : le P-DG de Nokia a explicitement mentionné la *burning platform* dans un mémo interne resté célèbre en 2011 alors que sa part de marché commençait à fléchir. L'urgence est aussi la première des huit étapes du changement théorisées par John Kotter[8], schéma très utilisé pour la transformation des entreprises américaines. À l'arrivée d'un nouveau management en 2013, chez Alcatel-Lucent, la situation du groupe était extrêmement critique. La consommation de cash de l'entreprise était de 700 à 800 millions d'euros par an, et ce depuis six ans. L'entreprise avait été contrainte de gager ses brevets et des actifs stratégiques pour obtenir un prêt de 2 milliards d'euros. L'urgence a été mise en avant en affichant publiquement le risque de faillite de l'entreprise.

Toutefois, la voie est étroite entre l'urgence et le désespoir. Pour obtenir une totale envie de changement, il faut donc insuffler la confiance et la croyance dans un avenir pérenne. Chez Alcatel-Lucent, cela s'est traduit par une implication personnelle du directeur général dans les contrats commerciaux et l'affirmation portée auprès de tous les salariés de la volonté « ne plus vouloir perdre aucun nouveau contrat », démontrant la confiance dans la capacité de l'entreprise à faire mieux.

Dans le discours politique, l'urgence s'incarne dans l'idée d'une France en faillite annoncée par François Fillon dès 2007 ou, dans l'image utilisée par Jean-Louis Borloo, d'une France qui va dans le mur. Rares sont les gouvernements européens réformistes à ne pas avoir insisté sur l'urgence de la situation. En Italie, Mario Monti, qui reprend un pays regardé avec défiance par les créanciers internationaux et dont les taux d'emprunt public s'envolent, offre aux Italiens un choix binaire entre les sacrifices ou

---

8. KOTTER John P., *Leading change*, Harvard, Harvard Business School Press, 1996.

l'insolvabilité. Au Royaume-Uni, dans le mois suivant son accession au pouvoir, David Cameron évoque les années de souffrance à venir en précisant que les déficits sont structurels, le pays vivant à découvert depuis trop longtemps. Ce discours d'urgence n'était pas neuf dans sa bouche puisque le Premier Ministre britannique avait désigné son propre pays comme l'homme malade de l'Europe un an avant les élections et six mois après le déclenchement de la crise en Europe, appelant déjà à une nécessaire austérité.

Dans le même ordre d'idée, il est possible de citer le rapport Pébereau *Rompre avec la facilité de la dette publique* remis en décembre 2005, neuf mois après avoir été commandé par le ministre Thierry Breton qui venait d'arriver à la tête de Bercy. À l'aide d'un chiffre nouveau, une dette publique atteignant 100 % de la richesse intérieure en comptabilisant les engagements hors bilan, ce rapport aura un profond retentissement dans l'opinion publique, inscrivant la question de la dette et de l'urgence de son traitement au cœur du débat public. Thierry Breton, issu du monde de l'entreprise et non de la politique, cherchait un moyen pour influencer le président qui venait de s'entendre avec Gerhard Schröder pour laisser filer les déficits. La lettre de mission précisait bien que « seul un grand débat national permettra de sensibiliser les Français à l'impératif d'une gestion plus prévoyante des finances publiques ». Le ministre donnera d'ailleurs sa définition d'un bon rapport : « Faire la pédagogie et un audit de la situation, expliquer que les responsabilités sont partagées, à droite comme à gauche, pour ensuite donner les coudées franches à un ministre pour agir. » Une campagne électorale doit se faire dans la clarté en insistant sur la gravité de la situation, a réitéré Michel Pébereau dans une récente note pour l'Institut de l'Entreprise.

Pour que le diagnostic soit entendu et qu'il devienne le plus largement partagé possible, une grande constance est requise, ce qui implique de ne pas moduler les messages selon les publics. À l'heure de la communication permanente, la dissonance finit toujours par se retourner contre celui qui en use. Il n'est pas possible de tenir deux discours différents entre l'interne et l'externe. On ne peut pas raconter auprès des investisseurs étrangers que le marché du travail est en train d'être réformé alors qu'est brandie, à domicile, la sauvegarde des acquis du travail. La constance dans le temps est, elle aussi, importante et implique de ne pas revoir son diagnostic sans modifications substantielles de l'environnement. Ainsi, en contre-exemple, le Front national serait en train de modifier considérablement son diagnostic économique. Il passerait d'une insuffisance de demande et de l'absence d'un État stratège en 2012 au poids trop important des impôts et des normes en 2015. Il reste à voir la lisibilité auprès des électeurs d'un tel revirement en si peu de temps. Pour autant, la dénonciation permanente s'avère, elle, inutile. Passée la première réaction de stupéfaction, elle donne l'impression que la situation est inchangeable. C'est ainsi que les rapports répétés de la Cour des comptes, en dépit de leur qualité d'expertise remarquable, amènent assez peu de changement dans l'opinion publique. L'analyse des requêtes Internet liées à la Cour des comptes montre en effet un pic chaque mois de février lors de la remise du rapport public annuel mais une stagnation de l'intérêt dans le moteur de recherche depuis dix ans.

Pas de travail pas de richesses, plus de richesses plus de Nation

Cet ouvrage traite de la méthode. Cela n'empêche pas de s'essayer à un exercice personnel de diagnostic. Tout d'abord j'affirme avec force que notre chute n'a rien d'irréversible en ce sens qu'elle n'endosse pas tant les habits du déclin que ceux du retard. Nous pouvons collectivement rebondir à condition de nous entendre sur les raisons de nos échecs. Les questions identitaires existent mais elles restent secondaires face aux problèmes économiques. La France est en effet engagée dans une apathie économique qui nous conduit lentement à l'appauvrissement. Pour illustrer cette dégradation, le recours à des indicateurs qui ne prêtent pas le flanc à la contestation est nécessaire. Moins ils sont macroéconomiques et comptables, plus ils renvoient à la réalité du quotidien pour la majorité des Français et plus ils seront crédibles.

Le premier constat est celui du manque de travail qui explique une grande partie de notre appauvrissement. Il suffit de dire que les Français ne travaillent pas assez pour que de nombreux experts ou responsables politiques s'offusquent, brandissant le nombre d'heures travaillées par les salariés à temps plein, le taux de chômage « truqué » dans d'autres pays ou le nombre conséquent de temps partiels ailleurs. Ce qui est frappant, c'est cette incapacité à bâtir un diagnostic commun, pourtant première étape nécessaire à toute réforme, avant même d'envisager des réponses qui pourraient être différentes selon les tenants d'une économie de l'offre ou de la demande. Or ces indicateurs reflètent des problèmes multiples, ne renvoient pas une vision agrégée, ce qui les rend étanches au citoyen. Le flou permet d'éviter la remise en cause du dogme de la fixité du volume de travail et donc la nécessité de son partage dont ne veut pas démordre une grande partie de la sphère intellectuelle française. Il n'est d'ailleurs pas rare d'entendre de la part des hauts responsables politiques qu'on travaille en moyenne davantage en France qu'en Allemagne. Dépasser la statistique de référence est parfois nécessaire parce qu'elle n'est pas suffisamment explicative pour l'ensemble de la situation.

Le mal français se résume pourtant en un unique chiffre. En 2014, la France avait une durée annuelle moyenne du travail par habitant en âge de travailler de 902 heures et se classait bon dernier des pays développés. Chez nos voisins allemands cette durée est de 1 002 heures quand elle tutoie les 1 123 de l'autre côté de la Manche et s'établit à 1 071 heures pour l'ensemble de l'Union européenne. Les pays où les habitants sont les plus riches, Suisse, États-Unis, Australie, Canada, sont aussi les pays où la durée annuelle moyenne du travail est la plus haute, approchant 1 200 heures. Ce chiffre permet de flatter le bon sens des Français, de ramener le sujet à l'échelon individuel et donc d'en avoir une meilleure compréhension. Cela permet de capturer l'ensemble des problèmes du marché du travail, taux de chômage élevé, départs à la retraite trop précoces, trop faible participation des jeunes au marché du travail, temps de travail hebdomadaire faible et nombre de jours travaillés réduits. Pour parer à toute critique, ces enquêtes proviennent de l'enquête européenne sur les forces de travail réalisée par sondage auprès des ménages qui sont invités à déclarer leur durée effective de travail, permettant d'inclure salariés comme indépendants. Travailler 16 % de moins que nos voisins nous condamne à être plus pauvres. Cette situation est le fruit d'un choix politique décidé à la fin des années 1990 par les responsables politiques de gauche comme de droite. Mais ce choix n'a jamais fait l'objet d'un arbitrage clair auprès des électeurs. Voulons-nous travailler moins en vivant moins bien que nos voisins, voilà la question que nous devons aujourd'hui nous poser. Alors que le ministre de l'Économie, Emmanuel Macron, a été violemment critiqué pour ses propos sur le temps de travail, souvenons-nous de ce qu'écrivait Corneille dans *L'Illusion* : « Nous donnons bien souvent de divers noms aux choses : des épines pour moi, vous les nommez des roses. » Ce que les censeurs socialistes du débat sur le travail défendent au nom de la rose n'est qu'une barrière d'épines pour les plus faibles. Aujourd'hui la France est l'un des rares pays d'Europe incapable de recréer de l'emploi avec le retour de la croissance, à cause de la structure de son marché du travail.

Notre chômage élevé est-il le juste prix à payer pour refuser la précarité sur le marché du travail ? Malheureusement non. Le pourcentage de travailleurs pauvres, autrement dit un travailleur vivant avec moins de 60 % du revenu médian après transferts sociaux, est en ligne avec le Royaume-Uni et l'Allemagne[9]. Quant aux temps partiels subis, ils sont plus nombreux en France que chez nos voisins[10]. Notre travail est donc aussi précaire mais notre taux de chômage est de 10,5 % contre 5,4 % outre-Manche et 4,7 % de l'autre côté du Rhin. Pire encore, le chômage est très concentré sur les populations les plus fragiles. Pour les Français sortis de l'école entre 2005 et 2008, le taux de chômage des non-diplômés était cinq fois plus élevé que celui des diplômés de l'enseignement supérieur, celui des diplômés de niveau baccalauréat, CAP-BEP et équivalents étant deux fois et demie supérieur. La préférence française pour le chômage a atteint ses ultimes retranchements. La France a le pire des deux mondes, le travail pas moins précaire mais le travail bien plus rare. Parce qu'elle n'a pas été complétée de politiques actives de retour à l'emploi, la flexibilisation du marché du travail n'a pas produit de bénéfices. Les classes moyennes ont

---

9. 7,8 % en France, 8,4 % au Royaume-Uni et 8,6 % en Allemagne, Eurostat, 2013.

10. 6,1 % des travailleurs en France contre 5,9 % au Royaume-Uni et 4,1 % en Allemagne, Eurostat, 2015.

l'impression d'avoir payé pour les autres, nourrissant les accusations d'assistanat.

Le taux de chômage des jeunes est devenu un élément indispensable de tout diagnostic, pourtant cette statistique est biaisée. Le chômage des jeunes représente dans la plupart des pays de l'OCDE toujours à peu près le double du taux de chômage de l'ensemble des actifs car le nombre de chômeurs est calculé par rapport à la population active. Or entre 16 et 25 ans, la plupart des jeunes poursuivent leurs études, seuls 9 % d'entre eux étant effectivement au chômage. En outre, une part non négligeable de jeunes, entre la fin de leurs études et leur premier emploi, s'inscrivent à Pôle Emploi. Ceci explique un tiers de l'actuel chômage des jeunes selon l'OFCE. En réalité, en France, le chômage touche principalement les non-qualifiés. Les jeunes qualifiés n'ont pas de réels soucis d'intégration dans l'emploi. Dans la catégorie des raccourcis, on pourrait aussi souligner que le taux de chômage des hommes a dépassé celui des femmes et qu'il faudrait donc envisager un salaire spécifique pour les hommes.

Pour ce qui est de la productivité, l'évolution est similaire. La productivité horaire est souvent avancée pour justifier la faiblesse du temps de travail annuel et il est encore courant d'entendre tel homme politique ou tel essayiste la citer parmi les atouts de notre pays. La forte productivité horaire apparente, elle n'est que le miroir d'un marché du travail déformé excluant les travailleurs les moins qualifiés et ignorant les emplois dans les services à moindre valeur ajoutée. Si la France a consolidé et même accru son avance en terme de productivité jusqu'au début des années 1990, depuis, la hausse de la productivité du travail se tasse, conduisant à un rattrapage par les autres économies développées. Sur les cinq dernières années, la France a en effet généré l'une des plus faibles croissances de la productivité du travail des grands pays développés (0,2 % contre 0,5 % pour l'Allemagne et 0,7 % pour le

Royaume-Uni). Ceci provient en partie de l'échec croissant d'un système scolaire qui expulse chaque année un
jeune sur six sans diplôme autre que le brevet. La France
est ainsi le seul pays de l'ensemble de l'OCDE qui a vu la
proportion de jeunes de 15 à 19 ans suivant une formation décroître entre 1995 et 2011 et dont la proportion
de jeunes de 20 à 29 ans suivant une formation a stagné
sur la même période.

La sous-productivité est d'ailleurs devenue massive
dans la fonction publique. Il est encore possible dans un
dîner en ville d'entendre la directrice d'une prestigieuse
école de formation des hauts fonctionnaires affirmer
que les services publics français sont une chance pour
le pays. Pourtant, ils sont aujourd'hui loin de remplir
les exigences minimales qui leur ont été fixées. L'action
publique a longtemps été un des atouts compétitifs de notre
pays. Elle est aujourd'hui devenue trop compliquée, trop
coûteuse, insuffisamment efficiente pour inspirer confiance
aux citoyens et à l'ensemble des acteurs économiques et
sociaux. Les agents publics sont les premiers à souffrir de
ces altérations, et d'un décalage croissant entre leur univers
de travail et les attentes d'une société en mouvement. On
observe que la productivité multifactorielle du secteur
public a stagné depuis 1988 alors qu'elle augmentait
de 16 % dans le secteur privé[11]. Il ne s'agit pourtant
pas d'une fatalité. Entre 1980 et 1988, secteurs public
et privé connaissaient une croissance similaire de leur
productivité. Que la dépense publique soit haute n'est
jamais une faute absolue. Le problème c'est celui de son
efficience. L'efficience c'est quand je mets un euro dans
le *juke-box* et qu'il ne produit aucun son. C'est le ratio
entre les moyens et le résultat, le rapport qualité-prix, dit
le consommateur. Ce n'est pas un problème d'acheter

---

11. En s'appuyant sur les données d'évolution de la productivité et
de sa répartition par secteur de la base EU KLEMS.

très cher un sac à main de luxe si l'on sait qu'il va durer longtemps, ça le devient s'il s'agit d'une contrefaçon.

Du côté de l'investissement en capital, la France souffre d'un mal-investissement, avec un investissement insuffisant dans des outils et des méthodes de production innovantes, ainsi qu'en recherche et développement, au profit d'une diversion de ressources vers l'immobilier notamment. Ainsi le nombre de robots industriels pour 10 000 employés dans l'industrie manufacturière était en 2013 de 125 en France contre 141 en Espagne, 152 aux États-Unis, 174 en Suède et 282 en Allemagne. L'appareil productif domestique n'est désormais même plus capable de répondre aux chocs positifs de demande, comme celui consécutif à la baisse des prix des produits pétroliers et gaziers observée depuis le deuxième semestre 2014. La cause de ce sous-investissement est à chercher dans la fiscalité sur le capital, hors impôt sur les sociétés, qui est la plus forte de toute l'Union européenne. Elle ponctionne 8,3 % de la richesse nationale chaque année. L'investissement est un acte qui implique un sacrifice du présent pour le futur, sacrifice qui ne s'accepte que dans un cadre réglementaire stable et non confiscatoire. La fiscalité des dividendes a été accrue de moitié entre 2008 et 2014 par des gouvernements de droite comme de gauche. Ces derniers ont alourdi les prélèvements sociaux avant de remettre en cause l'imposition forfaitaire en obligeant à l'alignement des revenus du capital sur ceux du travail. Selon une étude du cabinet New World Wealth, depuis 2000, 42 000 millionnaires français ont fui l'Hexagone, un record mondial. Ceci représenterait presque un millionnaire français sur dix, le World Wealth Report comptabilisant 493 000 millionnaires en France avec des actifs financiers hors résidence principale supérieurs à un million de dollars. Cela oblige à aller mendier de l'argent à l'étranger auprès de créanciers, nations industrielles ou pétromonarchies, en échange d'avantages fiscaux. Or il n'y a rien de pire que l'ingérence étrangère dans les affaires intérieures pour susciter le sentiment de déclin.

La publication des statistiques de niveaux de vie par l'Insee en septembre 2015 a été l'occasion d'une formidable campagne politique sur la réduction des inégalités en France et sur la diminution du taux de pauvreté. Comme pour toute statistique, la construction de l'indicateur mérite de s'y attarder quelque peu. Les inégalités, avec l'indice de Gini, sont mesurées par la répartition des revenus au sein de la population. Il varie entre 0 et 1, 0 correspondant à l'égalité parfaite où tous les Français auraient le même niveau de vie et 1 à l'inégalité extrême, une personne aurait tous les revenus. Un deuxième indicateur est celui du rapport entre les niveaux de vie des 20 % de personnes les plus aisées et ceux des 20 % les plus modestes. Les deux diminuent. En effet, les indicateurs d'inégalité s'améliorent lorsque les riches sont moins riches et que les plus modestes s'enrichissent. En 2013, les 30 % des Français les plus modestes ont vu leur niveau de vie augmenter légèrement, notamment pour les 10 % les plus modestes. C'est la première fois depuis le début de la crise qu'il augmente et cela s'explique par une revalorisation des minima sociaux. Pour les autres Français, les niveaux de vie tendent à diminuer. La baisse est modérée pour les classes moyennes mais elle est forte pour les 10 % de Français les plus aisés, qui ont perdu 1 500 euros de niveau de vie en deux ans. L'explication est simple : ces classes moyennes et aisées ont assumé la quasi-totalité des hausses d'impôts décidées ces dernières années. Les indicateurs d'inégalité s'améliorent aussi lorsque les riches sont moins nombreux. Quand un millionnaire s'en va à l'étranger, il fait plus pour la réduction des inégalités que toutes les augmentations d'allocations sociales.

Le dernier constat est celui de l'appauvrissement du pays, conséquence directe des deux premiers phénomènes, baisse du nombre d'heures travaillées et baisse de la productivité horaire. Qu'est-ce qu'un pays pauvre ? Depuis Adam Smith, la richesse d'une nation renvoie à sa production annuelle, son produit intérieur brut (PIB), par habitant. Il a mis fin aux théories bullionistes, les métaux précieux et la monnaie ne constituant pas des indicateurs de richesse fiables. La dématérialisation du patrimoine financier au fil des siècles a renforcé la prévalence de l'indicateur de flux tangible plutôt que le stock intangible qui pouvait disparaître au gré des défauts sur la dette. En France, le produit intérieur brut par habitant – qui exprime la richesse créée en une année par tête – n'a dépassé son niveau de 2007 qu'en 2015[12]. Nous venons donc de perdre huit années, huit années durant lesquelles notre richesse par habitant, et par conséquent notre niveau de vie, n'a pas progressé alors qu'il évoluait positivement chez nos voisins. Pour prendre la dimension de ce retard, en 2002, les PIB par habitant français et allemand étaient équivalents et 6 % supérieurs à la moyenne de la zone euro. Douze ans plus tard, la production par habitant était de 14 % supérieure à la moyenne en Allemagne alors que la France n'atteignait même plus la moyenne de la zone euro. Sur les vingt-cinq dernières années, la France a vu sa richesse par habitant progresser moins vite que tous les autres pays développés à l'exception de l'Italie et de l'Espagne, affichant un déficit annuel moyen de croissance de 0,4 point par rapport aux pays de l'OCDE. L'économiste Jean-Olivier Hairault a clairement montré que si la France ne peut plus se permettre un tel niveau de dépenses sociales c'est d'abord parce que le pays s'est appauvri[13]. Cette vérité statistique épouse désormais une réalité bien visible. « Il n'y a plus d'argent, plus d'emplois, plus de logements », disait Nicolas Sarkozy en juin dernier. Qui pourrait lui

---

12. Lorsqu'on se félicite de renouer avec la croissance en 2015, il faut garder à l'esprit que celle-ci est nourrie aux deux tiers par des facteurs exogènes (baisse de l'euro, baisse des taux d'intérêts et baisse des prix du pétrole), conjoncture éminemment favorable et peu susceptible de se représenter.

13. HAIRAULT Jean-Olivier, *Ce modèle social que le monde ne nous envie plus*, Paris, Albin Michel, 2015.

donner tort ? Rien de tel qu'une pérégrination à travers l'est de la France, l'Allemagne et la Suisse pour saisir l'écart de richesses, entre ces prospères contrées où l'usine fume au milieu du village et nos territoires faméliques où la « bidonvillisation » est en cours, les façades n'étant plus entretenues. Ce n'est pas un dixième de point de croissance en plus ou un discours triomphant sur les inégalités qui ébaudira quiconque.

L'appauvrissement collectif est à la racine même des questions identitaires. L'appauvrissement est un germe destructeur de l'idée même de communauté nationale. Des politiques ont, avec lucidité, évoqué l'importance du combat culturel et la nécessité de redonner un idéal, une aspiration à une partie de la jeunesse qui manque d'horizon. Mais quelle fierté à être français alors même que les migrants du Moyen-Orient, damnés de la terre, n'attendent qu'une chose, s'établir en Allemagne ou rejoindre l'Angleterre au péril de leur vie en évitant soigneusement votre pays ? Quelle fierté à être français alors que le budget de votre gendarmerie ne lui permet de renouveler qu'un véhicule sur deux avec un parc affichant un kilométrage moyen de 175 000 kilomètres ? Quelle fierté à être français alors que l'endettement excessif vous oblige à rechercher la bienveillance des créditeurs étrangers sous peine de voir le robinet se fermer ? Ce n'est pas un matérialisme borné qui guide cette réflexion. La France est devenue pauvre. Or personne ne s'unit dans le dénuement. Ceci n'est pas qu'une vision matérialiste. La prospérité a été et reste le ciment des Nations. Vivre dans un pays européen où la production de richesse est assurée permet de ressentir une légèreté depuis longtemps disparue en France. Les jeunes générations, particulièrement visées lors des attaques terroristes le 13 novembre dernier, ont le droit de vivre dans un pays sûr… et prospère. Il faut accorder des moyens supplémentaires aux fonctions régaliennes pour qu'elles assurent pleinement leurs missions mais cette hausse doit être financée par une réduction drastique des dépenses publiques dans la sphère sociale. Continuer à payer nos policiers et magistrats à crédit ne nous rendra que plus vulnérables.

Ce pays n'a pas été capable de créer suffisamment de richesses pour assurer la promesse de croissance faite au peuple. Il a donc suivi les trois phases du déni : liquider sa richesse nationale, emprunter à l'étranger et partager la production de richesse en des portions de plus en plus congrues. Du point de vue patrimonial, la position extérieure nette (PEN) d'une économie est la différence entre l'ensemble des créances étrangères détenues par les résidents et l'ensemble des dettes des résidents envers l'étranger. Une économie dont la PEN est négative se trouve donc dans une situation d'endettement net vis-à-vis du reste du monde. Si une PEN peut être négative de manière conjoncturelle, lorsque des investissements étrangers viennent rejoindre des secteurs productifs nationaux, à moyen terme elle annonce un niveau de vie artificiellement soutenu et donc une inévitable correction. La crise de 2008 a fait prendre conscience de la fongibilité entre dettes publiques et privées, que ce soit aux États-Unis, en Espagne ou en Irlande. Un endettement excessif des ménages, un système bancaire fragile, et c'est la puissance publique qui doit intervenir pour éponger les dettes des particuliers. La France pourrait bien devenir l'exemple inverse, où l'État impécunieux finit par entraîner les ménages et les entreprises, pourtant épargnants nets, dans sa chute. Il s'avère, en effet, que notre pays a réalisé l'une des plus incroyables évictions de richesse des pays développés dans la période moderne, plus de 400 milliards d'euros en moins d'une décennie. Contrairement au discours dominant, la richesse des ménages ne suffit plus à éponger la montagne de dette publique.

La France, gouvernement, entreprises et ménages cumulés, avait une créance stable d'environ 20 milliards d'euros par rapport au reste du monde lors des deux dernières décennies. Ramené à l'échelle d'un Français moyen, cela signifie que les investisseurs étrangers vous devaient environ 400 euros. Vous leur devez aujourd'hui 6 300 euros. Il ne faut pas chercher plus loin le sentiment du malheur français. En retournant la formule de Stendhal dans sa *Vie de Rossini* : « Pour un pays comme pour un individu, ce n'est pas tant d'être pauvre qui fait le malheur, c'est de le devenir. » Comme il ne vous viendrait pas à l'esprit de qualifier de « riche » votre voisin aux revenus élevés mais plombé par une dette sans fond, notre statut de pays riche s'effiloche sous nos yeux, entretenant le sentiment latent de déclin. Les fluctuations de richesse à court terme peuvent être acceptées dans les pays qui ont connu un enrichissement rapide. Ainsi l'austérité a été culturellement acceptable en Irlande, en Espagne ou au Portugal où une partie non négligeable de la population avait connu des temps de frugalité avant les décollages économiques respectifs des années 1980, 1990 et 2000. Dans ces pays-là, où la croissance de la classe moyenne avait été très rapide, il a été possible d'accepter que le mouvement de hausse soit interrompu par une période de réduction drastique des richesses. Ce n'est pas tolérable dans les pays où la classe moyenne est depuis longtemps installée dans son confort, comme la France.

Enfin dans ce contexte de richesse en baisse, la France se caractérise par une répartition de plus en plus inéquitable de la richesse. Aujourd'hui le revenu des plus de 65 ans en France est 2 % supérieur à celui des moins de 65 ans. Cette situation irrationnelle qui veut qu'un citoyen ne participant pas à l'activité économique de la société soit mieux loti que celui qui y contribue ne se retrouve qu'en Grèce et en Hongrie. Elle n'a évidemment pas cours chez nos voisins hollandais, anglais, allemands ou suédois, où les actifs ont des niveaux de vie respectivement 10 %, 11 %, 12 %, 22 % supérieurs. Et cette exception française, loin de se résorber, s'aggrave d'année en année ! Pire encore, alors que les ressources se font de plus en plus rares, les comportements égoïstes se multiplient. Les nouvelles générations approchant de l'âge de la retraite exigent une part du gâteau au moins aussi importante que leurs aînés du baby-boom. S'il n'est pas question de revenir sur les avantages acquis d'une génération bénie par un contexte économique particulier il nous faut au moins avoir le courage de repenser un modèle social dont la non-soutenabilité est évidente. Les transferts intergénérationnels correspondent à la redistribution des ressources produites par les individus actifs aux individus inactifs du fait de leur âge, enfants et retraités. Ils englobent l'ensemble des prestations, y compris l'usage des services publics. Le Commissariat général à la stratégie avait montré qu'en 2005, les classes d'âges de moins de 25 ans et de plus de 58 ans avaient bénéficié d'un transfert net, respectivement de 12 000 et 22 000 euros par personne. Depuis 1979, l'âge pour devenir bénéficiaire net a reculé de cinq ans alors que l'espérance de vie à la naissance a progressé de huit ans. Cela profite à quelques classes d'âge au détriment de l'équilibre du système tout entier. Le malthusianisme s'incarne aussi dans la stratégie de rabotage utilisée par les différents gouvernements pour ne pas toucher au cœur du modèle, la modulation des allocations familiales en étant l'ultime archétype.

Parce que nous ne travaillons pas assez et traînons le boulet d'un sous-investissement dans l'outil productif et dans la formation, nous nous sommes appauvris. L'endettement a permis de masquer cet appauvrissement mais cette logique arrive à son terme. Voici un exercice de diagnostic chiffré et appuyé sur la comparaison internationale qui permet de faire ressortir de manière factuelle le sentiment d'appauvrissement et de déclin que les Français énoncent sans fin dans les enquêtes d'opinion.

3

LA VISION, LA CONSTITUTION
D'UN HORIZON

Créer le navire ce n'est point tisser les
toiles, forger les clous, lire les astres, mais
bien donner le goût de la mer.

A. DE SAINT-EXUPÉRY, *Citadelle*, 1948.

Le diagnostic achevé et partagé permet de savoir où nous nous situons dans le temps, c'est-à-dire par rapport à l'histoire, et dans l'espace, c'est-à-dire par rapport aux autres nations. La seconde étape du changement est de proposer un horizon pour illustrer symboliquement la cible que nous souhaitons atteindre. La vision c'est le fait de percevoir, de représenter une réalité concrète ou abstraite. Dans l'exercice de transformation, elle se confond avec l'ambition, le désir d'accomplir, de réaliser une grande chose, en y engageant sa fierté, son honneur. Aujourd'hui, dépourvue des idéologies traditionnelles, la vision doit se réinventer comme un exercice de prospective et de leadership pour devenir idéal ou aspiration. Elle est la source positive de la motivation de chacun à fournir les efforts nécessaires et, par le but commun qu'elle fixe, évite de nombreux coûts de coordination. Mais, comme pour le diagnostic, ses effets ne sont perceptibles qu'à condition qu'elle soit crédible et partagée.

La vision n'est plus fille de l'idéologie

Longtemps, fille naturelle d'une idéologie politique assumée par un parti et ses dirigeants, la vision était évidente. L'horizon proposé par les communistes ou les socialistes n'était que celui plus ou moins aménagé de l'idéologie à laquelle ces partis obéissaient, aux uns le partage des richesses, aux autres leur plus juste redistribution. S'ils ne représentaient pas une idéologie en tant que telle, les partis de droite incarneraient à tout le moins les valeurs d'un conservatisme économique et social. Quand Mitterrand mène campagne en 1974, il propose une France autour de l'égalité. Quatre décennies plus tard, le candidat Hollande n'a pas de vision, il propose un changement non défini avec le quinquennat précédent comme Nicolas Sarkozy, cinq ans plus tôt, avait proposé à travers le thème de la rupture une idée d'action différente. Cette absence de vision trouve son explication dans le fait que la société est beaucoup moins idéologisée qu'auparavant. Les grandes tendances en –ismes sont mortes sur l'autel de la différenciation individuelle. À titre d'exemple, alors que les débats entre partisans et opposants de l'école publique et de l'école privée enflammaient les discussions familiales dans les années 1980, ceux-ci se sont progressivement éteints pour laisser place à un consensus global en faveur de la recherche de la meilleure solution éducative, qu'elle se trouve dans des stratégies éducatives permettant l'accès aux meilleurs établissements publics ou dans le recours à l'enseignement privé.

Si elle ne peut plus s'appuyer sur l'idéologie, la vision incorpore les valeurs qu'entend défendre et porter le projet. Ces valeurs témoignent de la capacité à s'adapter aux tendances de long terme tout en conservant un modèle et un système de références. S'appuyer sur les valeurs permet à la vision être complète, d'embrasser la société dans son ensemble, de s'adresser à tous. Même quand l'urgence se fait pressante, quand il est plus aisé de travailler sur la tangibilité des chiffres, la réflexion sur les valeurs ne doit pas être négligée car c'est ce qui fera en dernier ressort adhérer ou non les individus au projet de changement. Dans le plan Shift, initié en 2013 chez Alcatel-Lucent, quatre nouvelles valeurs pour l'entreprise ont été définies : la rapidité gage de réussite dans un secteur qui évolue très vite, la simplicité pour réduire le gaspillage et éviter les efforts inutiles, la responsabilité pour assurer la tenue des objectifs, la confiance issue de l'expertise et l'intégrité de tous les acteurs. Celles-ci ont été réaffirmées à plusieurs occasions, avec la mise en lumière d'applications concrètes des valeurs par les collaborateurs, des *quizz* pour en faciliter l'apprentissage, une intégration dans les signatures électroniques, l'objectif étant de les faire transparaître comme le fondement de la réussite des projets internes.

S'adapter aux forces de long terme

La vision ne peut qu'être orientée vers le futur. Il s'agit forcément d'une projection. La vision du rétroviseur qui renvoie à la nostalgie d'un modèle passé du pays est pourtant bien trop présente, mais ne mobilise guère. Ainsi la séquence des commémorations de la Grande Guerre comme celle de l'entrée des résistants au Panthéon en 2014 et 2015 n'ont pas été des moments particulièrement mobilisateurs pour le président de la République. Il en est de même pour les nombreux responsables politiques qui s'évertuent de souhaiter le retour aux années Pompidou de 1969-1974, devenues âge d'or mythifié et rêvé. En réalité, il s'agit bien souvent d'une projection sur les Français de leur propre attachement au passé. Les Français semblent attendre autre chose. Au lieu de placer nos concitoyens dans le sens de l'avenir, le danger est de pousser à une démarche d'autojustification tournée vers le passé. Une vision mal construite peut se révéler terriblement contre-productive en renforçant la crispation du corps social face au changement.

La politique ne peut s'abstraire des cycles démographiques profonds comme les détaillaient William Strauss et Neil Howe[14]. En se projetant vers l'avenir, les responsables politiques, comme le chef d'entreprise, montrent qu'ils ne craignent pas le changement et qu'ils maîtrisent les tendances de long terme. On ne peut pas construire de vision sans prendre en compte les grands changements qui vont modifier les conditions socioéconomiques de l'environnement dans lequel nous évoluerons demain. En prenant le diagnostic comme point de départ, il s'agit d'étudier la façon dont le futur va couler naturellement, d'évaluer la position à venir d'une organisation et de ses concurrents, et voir dans quelle mesure cela est

---

14. Voir l'analyse qu'en fait Augustin DE ROMANET dans son ouvrage *Non aux Trente Douloureuses*, Paris, Plon, 2012.

amendable. Cette capacité de projection à long terme oblige à comprendre les variables et les invariants, les facteurs de disruption. Si les plus grandes visions ne se sont pas construites en relatif, selon le fameux adage de Mark Twain : « Ils ne savaient pas que c'était impossible, alors ils l'ont fait », qu'on pourrait compléter par une autre de ses maximes : « Tout ce dont nous avons besoin pour réussir dans la vie est l'ignorance et la confiance », elles restent néanmoins fondées sur une compréhension fine de l'avenir. Apple n'aurait sûrement pas fait l'iPhone en regardant ses concurrents et c'est Steve Jobs, entre travail de prospective et intuition personnelle, qui comprit l'avenir de l'outil qu'est le Smartphone.

L'horizon de temps idéal de la projection s'est forcément raccourci avec l'accélération du changement. La vision n'est pas futuriste, elle ne doit pas forcément viser trop loin dans le temps, au risque d'être désincarnée et obsolète du fait des bouleversements technologiques. Elle doit *a minima* accompagner le mandat présidentiel de cinq ans et peut se concevoir jusqu'à dix ans, temps au-delà duquel la prévision devient trop aléatoire. La vision doit être évolutive et pouvoir résister aux changements imprévus de l'environnement et, surtout, ne pas enfermer dans une dépendance au chemin suivi qui contraint le plus souvent à une fuite en avant destructrice. Toutefois la vision, aussi travaillée soit-elle, ne saurait prémunir contre une erreur préalable de diagnostic. Le cimetière des entreprises est rempli de groupes ayant construit une vision erronée sur un travail de prospective raté ou un diagnostic infondé.

La pression sur les ressources de l'État contraint à un court-termisme mortifère qui empêche bien souvent de mener cet exercice de prospective. Pourtant les changements à venir sont nombreux, des évolutions technologiques accélérant l'automatisation à la demande continue d'autonomie des individus, en passant par la prise de pouvoir des firmes multinationales. La vision doit faire preuve d'une forte capacité de projection. Quel responsable politique peut espérer aujourd'hui s'exonérer de la prise en compte de l'automatisation et son impact sur le marché du travail, des innovations génétiques qui invitent à un grand débat éthique, ou encore la concurrence des États-nations par des grandes entreprises ? Si l'État n'est plus en position d'investir en direct en faisant de grand choix technologiques comme au temps du nucléaire, il ne doit pas cesser de construire un environnement favorable à l'innovation. L'Inde a par exemple construit sa vision de long terme autour du numérique, visant à faire du sous-continent un géant des technologies de l'information pour lui-même et non plus seulement pour les autres, en offrant à la population un accès universel aux communications mobiles et fixes. Il nous faut, nous aussi, réfléchir au dessin de la France de 2025 que nous voulons.

À cet égard, le plan de France Stratégie, ex-Commissariat général au Plan, réalisé à la demande du gouvernement Ayrault, était extrêmement intelligent et pertinent. À l'été 2013, le président de la République a demandé au Commissariat général à la stratégie et à la prospective de mener un séminaire gouvernemental consacré à la France dans dix ans. Après de nombreux échanges avec les partenaires sociaux et la société civile, un document finalisé en juin 2014 « Quelle France dans dix ans ? » a identifié les grands défis que devraient affronter la France à cet horizon. Il constitue d'ailleurs un travail utile pour tout candidat politique actuel. Néanmoins il a été bien trop tardif, deux ans après le début du mandat, et n'a pas été suivi par la constitution d'une véritable vision politique endossant les points saillants soulignés. Quel contraste d'ailleurs dans sa publicisation avec le brillant travail de prospective publié par Simon Nora et Alain Minc sur l'informatisation de la société. Celui-ci, limité à un seul secteur de l'économie, fut présenté au journal télévisé de TF1 le 19 mai 1978. Édité par la Documentation française, le rapport s'est écoulé à 125 000 exemplaires, et des traductions ont été publiées en Allemagne, Italie, États-Unis, Japon, Brésil ou au Mexique. D'ailleurs Valéry Giscard d'Estaing, alors président de la République tiendra le rapport secret pendant cinq mois pour passer les élections tant il anticipait son impact, notamment ses conclusions sur l'automatisation. D'autres pays ont mené et continuent cet exercice de prospective, que ce soit le livre blanc à 2030 publié par la Division de la population et des talents de Singapour ou le *Government Transformation Programme* porté par le Premier ministre malaysien avec sa vision 2020.

Qui l'aime le suive, le rôle du chef

Autant le diagnostic peut être porté par un expert, autant la vision est du ressort du chef, du décideur, du *leader*. Il doit l'incarner. C'est de sa capacité à guider que découle son autorité. La vision c'est la fusion du rationnel, établi avec le diagnostic, et du subjectif, un choix tranché, la croyance profonde du dirigeant. Parce que la vision repose sur la capacité à diriger, elle est influencée par la crédibilité des responsables politiques et les gages qu'ils peuvent donner. Des traits de personnalités et un historique qui démontrent plutôt une propension à l'attentisme s'avèrent un handicap certain pour convaincre les parties prenantes de la capacité à réaliser la vision proposée, surtout si celle-ci est ambitieuse. Avec le recul de la possibilité de survenance d'un homme providentiel[15], comme il était encore possible d'en attendre dans un contexte où l'autorité était moins contestée et où des acteurs politiques nouveaux pouvaient émerger plus facilement, la vision a d'autant plus d'importance. L'élection doit être adhésion à la vision plutôt qu'au programme, celui-ci en étant la déclinaison opérationnelle. C'est la même chose pour la désignation d'un directeur général dans le monde de l'entreprise. Le conseil d'administration le choisit sur la vision qu'il incarne autant que sur ses expériences.

La vision renvoie nécessairement à un horizon positif et doit être enthousiasmante. Elle formalise un but à atteindre qui donne envie de changer, tout en étant suffisamment ambitieuse. Elle est le moment où il faut rallumer les étoiles comme disait Apollinaire, l'instant où surgit la possibilité de réaliser de profonds changements, de grands accomplissements. Elle s'appuie sur les capacités de rebond, les aspirations sociétales, les forces à moyen terme pour montrer ce qui est possible. La vision se destine plus naturellement aux parties prenantes internes, salariés voire clients dans le cadre de l'entreprise, concitoyens dans le cadre d'un pays. Les acteurs externes, partenaires commerciaux, fournisseurs ou créanciers sont relativement hermétiques à tout discours mobilisateur. Aussi, la vision doit susciter la fierté. L'Agenda 2010 est une série de réformes présentées lors d'un discours donné par le chancelier Gerhard Schröder devant le Bundestag le

---

15. Néanmoins l'idée d'un homme providentiel reste présente, d'après un sondage Ifop-Fiducial de septembre 2014, 57 % des Français trouveraient légitime une candidature d'une personnalité issue de la société civile mais encartée dans un parti politique et 47 % à penser qu'un chef d'entreprise d'envergure non encarté serait fondé à se présenter à l'élection présidentielle.

14 mars 2003, six mois après le début de son second mandat. Quand il le présente dans son discours intitulé *Courage pour la paix, courage pour changer,* il mélange le courage de réformer et le courage de dire non à propos de la guerre en Irak, en capitalisant sur la forte opposition des Allemands à la guerre lancée par Georges Bush sans mandat des Nations unies. Il réaffirme la volonté d'un peuple allemand capable d'être indépendant économiquement et géopolitiquement. Au Japon, l'élection de Shinzo Abe en 2012 a été fondée sur une politique économique de rupture, promettant une relance de l'économie japonaise engluée dans la stagnation depuis deux décennies. En plus d'être profondément personnalisées, les *Abenomics* reposent sur l'image guerrière des flèches, autrement dit des réformes structurelles complétées par un investissement public massif et une politique monétaire expansionniste. Les trois premières flèches viennent d'être complétées par trois nouvelles dont l'ambition de faire passer la richesse annuelle produite de 490 000 à 600 000 milliards de yens. Dans tous les pays ayant entamé un redressement budgétaire, on retrouve cet appel à la fierté nationale, les responsables politiques flattant la grandeur économique du pays ou sa souveraineté retrouvée. La perspective pour les peuples de l'arrivée du Fonds monétaire international, par sa réputation de gestionnaire intransigeant et par son champ d'action majoritairement dans les pays en développement, est un puissant repoussoir. En Irlande, le consensus social et politique qui a permis de maintenir l'effort de consolidation en dépit du changement du parti au pouvoir en 2011 s'est constitué en réaction face à la crainte de l'arrivée de ce dernier. Le sauvetage de la Grande-Bretagne par le FMI en 1976, qui a marqué négativement une génération de Britanniques, a été un argument plusieurs fois évoqué par les dirigeants conservateurs pour justifier les réformes. La

logique est la même dans les pays du Sud, Italie ou Espagne, où les réformes ont été étroitement associées à la capacité d'influence diplomatique du pays, notamment sur la scène européenne, en négociant avec succès des sursis budgétaires. Lorsqu'il arrive au pouvoir, Jean Chrétien s'oppose à des coupes trop importantes dans les dépenses publiques en affirmant que le retour de la croissance suffira. Il s'affirme même comme un défenseur de l'État-providence face aux conservateurs et s'oppose à leur proposition d'éliminer le déficit en trois ans. Finalement la prise de conscience intervient en janvier 1995 lorsque le *Wall Street Journal* fait sa une sur la possibilité d'une banqueroute de l'État canadien.

La vision est la clé de la mobilisation interne. Elle est l'outil par lequel le dirigeant doit redonner l'envie. Lorsque des dirigeants reprennent des entreprises dans des situations difficiles, ils affrontent en général une démobilisation du personnel, démotivation naturelle liée à l'ampleur de la crise traversée, qui succède parfois à des échecs préalables de tentatives de redressement. Il est alors nécessaire d'offrir une vision susceptible de recréer de la croyance dans l'avenir de l'entreprise. Dans une entreprise comme Alcatel-Lucent, polytraumatisée par plusieurs plans d'économie ayant considérablement réduit la taille de l'entreprise sans proposer de vision, il a fallu rapidement redonner de la fierté. Cela est passé par une communication autour d'une vision industrielle offensive, fondée sur le maintien des investissements de recherche et de développement avec les centres de recherche Bell Labs, l'ouverture vers l'externe avec des partenariats prestigieux (Qualcomm, Intel, Accenture, JC Decaux) et la dynamisation des relations avec l'écosystème d'innovation, en Californie, à Tel Aviv, à Shanghai, en France, le tout accompagné d'un langage volontairement guerrier sur les succès commerciaux et les contrats décrochés. Dans l'entreprise, un autre élément moteur peut être la dimension éthique avec la responsabilité sociale de l'entreprise qui doit être comprise dans la vision. Inscrite dans la stratégie de différenciation de l'entreprise, elle renvoie inévitablement, en filigrane, à une prise de conscience des enjeux de long terme et de la volonté de durer.

La vision n'a pour finalité unique que sa communication. Elle raconte un projet commun, projet que ne peuvent retranscrire des chiffres seuls. Ainsi, en complément des trente-trois buts chiffrés du rapport *La France dans dix ans* manquait une phrase de vision. Complexe ou implicite, la vision risque d'entrer en concurrence avec des interprétations individuelles et déformées de la stratégie. Claire, elle permet de vaincre les opinions les plus hostiles qui se cristalliseraient sur les réformes. Communiquer uniquement sur le programme attise inéluctablement les oppositions et nourrit les adversaires. Les ambitions chiffrées sont par essence plus sujettes à la critique qu'une véritable vision construite sur une conception philosophique de la société ou de l'État. Lors de la campagne pour l'élection générale espagnole de 2008, José Luis Rodriguez Zapatero avait affiché son objectif de dépasser la France dans les quatre années à venir en richesse par habitant, après avoir doublé l'Italie en 2006. Son gouvernement venait effectivement de considérablement réduire le chômage, créant trois millions d'emplois en quatre ans, soit plus que l'Allemagne, la France et le Royaume-Uni réunis. Le budget enregistrait un excédent de 50 milliards d'euros, soit 2,3 % du PIB. Pourtant, un an plus tard, le pays, essoré par la crise, voyait son taux de chômage atteindre 19 % et son déficit public grimper à 11,2 %. Au Royaume-Uni, lors de la campagne de 2010, David Cameron a, au contraire, réservé les chiffres à sa stratégie et proposé une vision nouvelle, disruptive, nourrie de réflexions philosophiques anciennes au sein du Parti conservateur sur le rôle de l'individu, de la société et de l'État. Il a réduit sa vision *Join us, to form a new kind of government for Britain* à une marque, la *Big Society*, qui apparaît pour la première fois lors d'une conférence presque un an avant les élections. Il reprend les mots de J. F. Kennedy, *Ne vous demandez pas ce que votre pays peut faire pour vous, mais ce que vous pouvez faire pour votre pays* en y adjoignant la nécessaire touche d'individualité du XXIᵉ siècle en précisant – *et également pour votre famille et votre communauté.* Cela n'empêche pas que la vision puisse s'accompagner de grands principes qui structureront ensuite la stratégie : en l'espèce, le principe de décentralisation et de subsidiarité, le principe de participation et enfin le principe d'ouverture et de partenariat[16]. Au Canada, Jean Chrétien a travaillé avec ses équipes pendant plus d'un an entre 1992 et 1993 sur un livre rouge intitulé *Créer des opportunités*.

La politique, ce n'est pas d'annoncer des arbitrages technocratiques, ce n'est pas de proposer de réduire de trois dixièmes de point de PIB la dépense publique ou d'abaisser l'âge de la retraite de deux trimestres pour

---

16. L'Agenda 2010 ne contient pas de réelle vision propre à la situation allemande mais reprend celle affirmée dans le cadre de la Stratégie de Lisbonne, politique économique et de développement de l'Union européenne décidée lors du Conseil européen de Lisbonne de mars 2000 visant à faire de l'Europe « l'économie de la connaissance la plus compétitive et la plus dynamique du monde d'ici à 2010, capable d'une croissance économique durable accompagnée d'une amélioration quantitative et qualitative de l'emploi et d'une plus grande cohésion sociale ». Le chancelier Schröder décline les différentes facettes des politiques communautaires dans le champ national. Il affirme également un principe absolu « Notre principe directeur sera que nous ne pouvons redistribuer que ce que nous avons précédemment gagné. »

les personnes en situation de pénibilité, mais bien de communiquer une direction claire et ferme du futur. Il est regrettable qu'en France la réduction des déficits publics soit devenue l'horizon de toute politique, l'objectif ultime qui devrait animer le collectif. Le retour à l'équilibre est une sorte de vision insaisissable, promise à chaque élection, pour être aussitôt abandonnée. Évidemment condamnée à l'échec, cette proposition déflationniste, cette dialectique du sang et des larmes, est insuffisante pour déclencher de l'enthousiasme et de l'adhésion.

La vision doit toucher l'individu dans sa conscience personnelle, créer un lien personnel avec le dirigeant, tout en englobant l'ensemble du corps social car tous seront parties prenantes de ce nouvel horizon.

La construction d'une vision identique à tous est à rebours de la stratégie des états-majors politiques qui voient les Français comme autant de particularismes, de groupes, de communautés, de pourcentage d'électeurs et de sympathisants, niches et segments de marchés auxquels sont affublés un taux de pénétration, reflétant la publicitarisation de la vie politique et, en creux, l'absence totale de projet global pour la Nation. À l'inverse, le projet gagnant de David Cameron en 2010, baptisé *For hardworking people,* s'adressait à tous ceux qui travaillent. Par le passé, les responsables français ont, eux aussi, été capables de construire des visions inspirantes. La *Nouvelle société* telle qu'évoquée dans son discours d'investiture de 1969 par Jacques Chaban-Delmas, premier ministre de G. Pompidou, entend répondre au malaise de Mai 68 en libérant une société bloquée par la fragilité de son économie, le fonctionnement souvent défectueux de l'État et l'archaïsme et le conservatisme des structures sociales. Ce discours était révolutionnaire à une époque encore frappée du sceau du Conseil national de la Résistance. De nombreux présidents américains ont eu leur vision, John Fitzgerald Kennedy avec sa *Nouvelle frontière*, Lyndon Johnson, sa *Grande société*, Harry Truman, sa *Donne équitable*, toutes tombées dans l'oubli face au *New Deal* de Franklin D. Roosevelt qui, par-delà la formule, recelait un projet radical. Un bon slogan ne fait pas pour autant une bonne vision.

En même temps, la vision devient ce récit commun que chacun peut écrire, reprendre, s'approprier pour sa vie quotidienne. Quand Bonaparte récupère l'armée d'Italie, il ne motive pas ses troupes dépenaillées en leur promettant un horizon collectif mais bien une valorisation individuelle : « Soldats, vous êtes nus, mal nourris; le Gouvernement vous doit beaucoup, il ne peut rien vous donner. Votre patience, le courage que vous montrez au milieu de ces roches sont admirables ; mais il ne vous procure aucune gloire, aucun éclat ne rejaillit sur vous. Je veux vous conduire dans les plus fertiles plaines du monde. De riches provinces, de grandes villes seront en votre pouvoir; vous y trouverez honneur, gloire et richesses. Soldats d'Italie manqueriez-vous de courage ou de constance? » Dans une veine similaire, le ministre de l'Économie, Emmanuel Macron, en déplacement à Las Vegas pour le plus grand salon mondial de nouvelles technologies, souligne à quel point « l'économie du Net [étant] une économie de superstars, [il faut] des jeunes Français qui aient envie de devenir milliardaires ». François Fillon, dont il est souvent dit qu'il est le candidat à la primaire à droite qui a le projet le plus abouti, propose depuis plus d'un an une vision claire et sans ambiguïté : « Faire de la France la première puissance d'Europe en dix ans[17]. » Celle-ci obéit presque trop bien à l'impératif

---

17. FILLON François, *Faire*, Paris, Albin Michel, 2015.

d'enthousiasme, puisqu'elle requérait un supplément de croissance annuelle de 3,75 % de la France par rapport à l'Allemagne.

La fin du travail, un exemple de vision partagée... en France

Au détour des années 1990, emmenée par sa classe politique, la France connaît l'expérience d'une bonne vision sur la forme, mais lourde de conséquences sur le fond. Avec pour étendard idéologique l'ouvrage de Jeremy Rifkin, *La Fin du travail*, traduit de l'américain en 1997 dans une version préfacée par Michel Rocard, la gauche et la droite mènent une offensive en faveur du partage du temps de travail. Les présupposés de cette vision sont doubles : la demande de la société d'accélérer vers la société de loisir d'une part, et les gains de productivité qu'offrent les progrès technologiques d'autre part. L'apparent réalisme se conjugue à l'idéalisme, la gestion courante à l'utopie, formant une parfaite vision. Le travail est alors pensé comme une donnée fixe et le partage de celui-ci amènera la mort du chômage.

Pierre Larrouturou débute dès 1993 une campagne en faveur de la semaine de quatre jours. Convaincu par ces arguments, le député RPR Jean-Yves Chamard dépose un amendement sur les trente-deux heures dans le projet de loi quinquennal pour l'emploi bataille en décembre 1993, proposition non retenue par le gouvernement qui demanda une expérimentation préalable. Au même moment, en compagnie du député Gilles de Robien qu'il avait rallié à sa cause, Pierre Larrouturou entame un tour de France destiné à diffuser la bonne parole. Une mission parlementaire sur le partage du temps de travail débute et ses conclusions sont rendues publiques en juillet 1994. La même année, Jean Boissonnat est chargé, à la demande du Commissariat général du Plan, de présider un groupe de travail prospectif sur le travail dans vingt ans. Dans une perspective relativement moderne, le rapport prend ses distances envers une réduction autoritaire et généralisée du temps de travail mais souligne néanmoins que le nombre d'heures de travail diminuera sans doute de 10 % à 20 % d'ici vingt ans [18]. Le 14 juillet 1995, quelques semaines après son élection, Jacques Chirac mène une visite surprise chez Brioche Pasquier, un groupe alors très engagé dans la réduction du temps de travail, déclarant être « à l'affût de tout effort d'imagination qui se traduise concrètement par une augmentation des postes de travail créés ». En décembre 1995, le président de la région Rhône-Alpes, Charles Million, présente ses propositions en matière de réduction du temps de travail pour faire passer la durée hebdomadaire de travail de 39 heures à 32 heures payées 35 heures, offrant d'aider les entreprises à prendre en charge le surcoût.

Finalement, le gouvernement Juppé met en application la réduction du temps de travail en 1996, avec une loi facultative votée à l'initiative de Gilles de Robien. La loi Robien sur l'aménagement du temps de travail, qui permet aux entreprises de réduire le temps de travail de leurs salariés pour procéder à de nouvelles embauches ou dans une logique plus défensive, éviter de recourir au licenciement. En contrepartie d'une embauche d'un dixième de nouveaux salariés, les entreprises percevaient un allègement des cotisations patronales de Sécurité sociale

---

18. MALAURIE Guillaume, BOISSONNAT Jean, « L'alternative à la précarité existe », *L'Express*, 2 janvier 1997.

d'environ 8 %. Prise de court par la dissolution surprise de l'Assemblée nationale en avril 1997, la gauche plurielle insère avec une certaine précipitation le projet de loi sur les 35 heures dans son programme. La négociation entre les partenaires sociaux est heurtée comme la bataille parlementaire, la droite allant jusqu'à déposer plus de 1 600 amendements à l'Assemblée obstruant les débats. La loi « Aubry 2 », applicable à partir de 2000, ramène la durée légale à 35 heures hebdomadaires, moyennant la généralisation et la pérennisation des exonérations de cotisations sociales. Les jours de RTT rentrent dans la vie quotidienne des Français et la droite pérennise le dispositif, ne le remettant pas en cause dans le programme présidentiel de 2002 et l'assouplissant à la marge en 2003 avec l'extension à toutes les entreprises des exonérations de cotisations sociales. Les années 2000 seront également le terrain de la réduction du temps de travail sur la durée de vie avec le développement des préretraites. Ce consensus politique n'aura jamais fait l'objet d'une remise en cause pendant plus d'une décennie.

Il faudra attendre la campagne de Nicolas Sarkozy en 2007 pour assister à l'élaboration d'une nouvelle vision autour du slogan « Travailler plus pour gagner plus » sans qu'elle ne se traduise pour autant par une véritable libéralisation du marché du travail. Aujourd'hui la vision de la réduction du temps de travail est largement dissipée même si quelques résurgences apparaissent ici ou là, comme Christiane Taubira appelant à une durée réglementaire de travail hebdomadaire de 32 heures, non sans une certaine démagogie.

Ce qu'il nous faut, c'est... deux millions d'emplois

L'étape de diagnostic a mis en lumière le problème central du manque de travail en France. Avant d'aller donner des leçons à la terre entière, l'impératif est de se remettre à niveau. Pour pouvoir faire la transition énergétique, la transition numérique, l'intégration européenne, la révolution sociale, les Français doivent d'abord retrouver un niveau de production de richesses suffisant pour mettre fin au cercle vicieux de l'appauvrissement et de l'endettement. Conjugué à une recherche d'efficience dans les services publics, il sera alors possible de conserver les assurances sociales universelles qui font sens au XXIe siècle, à l'ère de la fragmentation. Sur le plan extérieur, si la France fait les efforts nécessaires, elle sera en mesure de retrouver sa place en Europe et de bénéficier d'une intégration plus poussée avec ses partenaires, notamment l'Allemagne.

La France du mérite, voilà une vision qui mériterait d'être développée. Nous voulons être un pays développé et riche, nous voulons un fort niveau de services publics, une santé gratuite, une éducation émancipatrice, des rues propres et sécurisées, des infrastructures de qualité enviées par nos voisins. Nous avons raison d'être exigeants car tout ceci a fonctionné par le passé et que nous ne voulons pas y renoncer. Mais tout cela se mérite. Il faut donc à la fois accepter de collectivement travailler plus et travailler tous, entendre que tout travail est supérieur au non-travail, comprendre que l'investissement doit être rentable pour ceux qui possèdent de l'épargne, que les normes inutiles ont un coût économique tangible. Cela impose aussi de faire des choix, d'accepter de réduire le niveau des aides au logement pour préserver les remboursements de l'assurance maladie, d'admettre de réduire le nombre de jours de congés maladie chez les fonctionnaires pour assurer que la police soit correctement équipée, de consentir à allonger la durée de cotisation retraite pour assurer qu'il y ait encore un système de retraite dans une décennie.

Le choix qui se présente aux Français est simple : soit garder un modèle inégalitaire, qui, sous semblant de solidarité, préserve les avantages de quelques-uns, exacerbe les égoïsmes et ne survivra quelques années que grâce à l'endettement et au rabotage mesquin comme le déremboursement des médicaments ou la suppression catégorielle des allocations familiales ; soit repartir sur un modèle de société où les services publics sont performants et délivrent de bons résultats, où les hôpitaux soignent et l'école enseigne gratuitement, à condition que tout le monde travaille et prenne sa part d'efforts. La présentation abrupte de ce choix binaire est la première étape pour rétablir la confiance, elle est le signal que quelque chose a changé, qu'un mouvement peut s'esquisser pour de bonnes raisons. La France du mérite est double, c'est individuellement la récompense de ceux qui font le plus d'efforts, c'est collectivement le travail à fournir pour rester un pays envié pour sa qualité de vie. Pour y parvenir, nous serons tous indispensables et devrons tous être responsables. « Tous indispensables, tous responsables », cette vision faisant écho à celle de la droite suédoise, « Tous nécessaires », qui lui avait permis de remporter les élections de 2010.

Le bon thermomètre n'est pas la statistique du chômage mais bien celle du nombre d'heures travaillées par an par habitant entre 20 et 64 ans. Comme précisé dans le diagnostic, nous devons ramener ce temps de travail de 900 à 1 050 heures, soit la moyenne de l'Union européenne. Cela représenta 120 milliards d'euros de richesse supplémentaire et compensera la quasi-totalité du déficit public. Ce coup de collier pour redevenir un pays « riche » passe par la création de deux millions d'emplois, à la fois des salariés du secteur privé et des travailleurs indépendants, en lien avec la transition économique et culturelle en cours, tout en absorbant une réduction du nombre de fonctionnaires. À ces deux millions d'emplois, s'ajoute une augmentation du temps de travail annuel des salariés d'environ 10 %[19] : les pistes évoquées de ce côté-ci sont plus connues avec la remise en cause de la durée légale du travail de 35 heures, la réduction du nombre de jours chômés et un contrôle plus strict des absences. Le retour à la moyenne de l'Union européenne passe pour moitié par chacune de ces propositions. Des arbitrages peuvent être envisagés entre ces deux leviers, créer plus d'emplois tout en continuant de travailler moins ou travailler plus tout en ayant moins d'actifs qu'ailleurs. Cela semble hypothétique. L'idée est bien d'atteindre la moyenne générale à la fois en terme de taux d'emploi et de nombre d'heures annuelles par travailleur. Les Français ne sont pas fainéants. Un certain nombre d'entre eux a même l'impression de beaucoup travailler, de passer du temps dans les transports et de ne pas toujours avoir le temps de profiter de leur famille. La faute à un système qui concentre la charge de travail à la fois sur une population réduite et un calendrier restreint.

Le chiffre de deux millions d'emplois, au-delà du million d'emplois annoncé par le président du Medef, Pierre Gattaz en cas de libéralisation de l'économie, n'est pas farfelu. Il est extrêmement ambitieux mais accessible. Aujourd'hui, un point supplémentaire de croissance de la richesse nationale génère moins d'emplois en France que dans les autres pays européens. Notre marché du travail pourrait être rendu plus réactif à condition d'en avoir une

---

19. Cette augmentation de la durée annuelle de travail peut être panachée avec une extension de la durée de travail dans la vie des individus. Le total arbitrage en faveur de cette dernière correspondant à quatre années supplémentaires de cotisations. La première solution nous paraît plus judicieuse.

vision plus dynamique et de s'opposer à la proverbiale logique malthusienne qui voudrait mieux redécouper le gâteau sans penser qu'il puisse être plus gros. Le volume d'emplois ou de travail n'est pas figé, il peut varier à la hausse si notre marché du travail est plus souple et réactif à la croissance. De nombreux leviers de libéralisation sont connus et immédiatement activables[20]. Nul besoin d'en appeler à une conjoncture exceptionnelle : pour preuve, un million deux cent mille emplois ont été créés entre 2003 et 2008.

La France souffre d'un manque d'emplois dans les secteurs du voyage et du tourisme, du loisir, des services à la personne, dans le bâtiment si ce secteur sortait de son inertie. À titre d'exemple, alors que le secteur du voyage et du tourisme représente directement 3,6 % du PIB en France, soit un niveau avoisinant celui de l'Allemagne (3,8 %) et du Royaume-Uni (3,5 %), la contribution de ce secteur à l'emploi total est d'à peine 4,1 % contre 5,7 % au Royaume-Uni et même 6,7 % en Allemagne[21]. Un niveau d'emploi équivalent à celui du Royaume-Uni apporterait un demi-million d'emplois supplémentaires en France. La même démonstration peut être tenue dans plusieurs secteurs à forte intensité de travail, où la France

---

20. Le Medef a détaillé les calculs de son million d'emplois en affirmant que travailler le soir et le dimanche permettrait de créer jusqu'à 300 000 emplois, mieux former les demandeurs d'emplois pour compenser la moitié des 400 000 emplois non pourvus, la fixation de la durée du travail dans le cadre social européen vaudrait 100 000 emplois tout comme la suppression de deux jours fériés, le lissage des seuils sociaux, la généralisation du contrat de projet et la dérogation au SMIC complété par des allocations sociales. Rien de nouveau depuis le rapport de la Commission pour la libération de la croissance française, baptisée du nom de son président Jacques Attali, chargée de rédiger un rapport fournissant des recommandations et des propositions afin de relancer la croissance économique de la France.

21. The World Travel & Tourism Council, *Travel & Tourism Economic Impact 2015 Japan*, p. 12.

emploie beaucoup moins de personnes que ses voisins alors même que les poids de ces secteurs dans le PIB sont similaires. La recherche du travail doit nous obséder quitte à abandonner, pour un temps au moins, le dogme de la productivité, comme David Cameron l'a fait lui-même. Il est évident que faire revenir sur le marché du travail des gens qui en étaient exclus ou étaient faiblement qualifiés a inévitablement un effet négatif sur la productivité à court terme. Néanmoins, avec la montée en compétences de ces travailleurs, la productivité se stabilise et peut même s'améliorer par la suite.

Cet objectif de création d'emplois est le point de bascule à partir duquel la France retrouvera une capacité à produire assez de richesses pour assurer un horizon commun. Évidemment il suppose une plus grande acceptation culturelle à de nouvelles formes de travail. En 2002, les Français n'avaient pas crédité le gouvernement Jospin des fortes créations d'emplois au motif que ceux-ci n'étaient pas suffisamment qualitatifs. Dans un contexte économique et social qui s'est massivement dégradé en une décennie, cette exigence s'est en partie dissipée. La demande d'autonomie professionnelle n'a jamais été aussi désirée dans un certain nombre de catégories socioprofessionnelles, notamment les jeunes. Il suffit de voir le succès de l'autoentrepreneuriat. Les réformes permettant une plus grande participation au marché du travail pourraient rencontrer un écho d'autant plus important qu'elles capitaliseraient sur cette nouvelle donne culturelle. Au Royaume-Uni entre juin 2010 et mars 2015, c'est-à-dire le premier mandat de David Cameron, l'emploi dans le secteur privé a progressé de 2,1 millions de personnes, tout en absorbant une réduction de 400 000 emplois dans la fonction publique et un déplacement de 550 000 emplois du secteur public au secteur privé. Les contrats aidés ont baissé de plus d'un quart. Cette création d'emplois a été largement caricaturée comme exclusivement faite d'emplois précaires.

Pourtant l'emploi dit « traditionnel » reste prédominant avec sept emplois sur dix créés qui sont des contrats à durée indéterminée à temps plein, le solde provenant d'entrepreneurs individuels dont seulement la moitié est à mi-temps. Mais que dire quand, en France, les chiffres du chômage sont masqués par des centaines de milliers d'emplois aidés subventionnés par les pouvoirs publics ? Ceux-ci sont hautement précaires, et, pire encore, selon une étude de l'Insee leurs bénéficiaires ont plus de difficultés à trouver un autre emploi ensuite. Que dire quand, en France, on préfère oublier les 150 000 mineurs qui sortent chaque année sans qualifications du système scolaire et qui, sans ressources financières autres que familiales, n'ont pas accès au marché du travail ?

Nous savons comment mettre un terme au chômage de masse et atteindre le plein-emploi, encore faut-il assumer les choix que cela implique. Les Français sont las du conformisme, des hésitations, des atermoiements et du « c'est compliqué ». Il faut énoncer des choix forts, binaires, des positions radicales. Travaux de l'Institut Montaigne, propositions de Terra Nova, rapport Combrexelle, ouvrage de Robert Badinter esquissent certes un consensus favorable à la négociation d'entreprise mais ne suffisent pas à emporter l'adhésion sur un sujet aussi structurant. Dans tous les pays qui ont réussi à diminuer drastiquement le chômage, un discours de vérité sur le travail a été tenu, avant toute mesure technique, tout dialogue syndical, tout débat picrocholin sur le Code du travail. Une réforme cosmétique du Code du travail, conservant les tabous des 35 heures, du salaire minimum ou de la représentativité syndicale ne solutionnera rien.

Le retour à l'emploi aura également des conséquences sociales positives car « le travail éloigne de nous trois grands maux : l'ennui, le vice et le besoin » ainsi que l'apprend Candide dans la conclusion du conte philosophique de Voltaire. Revaloriser le mérite du travail permettra de réenclencher le moteur économique et la dynamique sociale. C'est à cette condition seulement que les atouts de la France, qu'ils soient démographiques, géopolitiques, diplomatiques, culturels pourront de nouveau jouer à plein pour le bien de tous. Il faut redonner le pouvoir aux Français, qu'ils reprennent la maîtrise de leur destin pour faire leurs propres choix. Se remettre au travail est le meilleur rempart contre le déterminisme et l'immobilisme de ce système qui, aujourd'hui, enferme dans des cases. Qu'elle soit géographique, sociale ou culturelle, la mobilité sera au cœur du projet de société fondé sur le travail. Il faut lancer la mobilisation générale contre la société immobile.

Il ne s'agit pas de nier les problèmes de la France, notamment un coût du travail trop élevé mais il vaut mieux s'attaquer aux causes racines de ce problème qu'aux conséquences conduisant à empiler les dispositifs d'exemption, qu'il n'est de toute façon plus possible d'accroître du fait du déficit public. Le coût du travail augmente en France pour deux raisons : par le bas, le salaire minimum est structurellement trop élevé et poussé à la hausse par les pouvoirs publics ; par le haut, la partie protégée du marché de l'emploi, les *insiders* qui ne craignent pas le chômage, est en position de force pour négocier des augmentations de salaire. En réformant le droit du travail, en laissant apparaître le vrai prix du travail, en cassant ce mur de la honte entre protégés et non-protégés, le travail reviendra au cœur de la société. À l'inverse, réduire les coûts de la main-d'œuvre française en baissant indéfiniment les cotisations à destination de la Sécurité sociale et en risquant d'en obérer le financement ne saurait être un pari de long terme. Cela pourrait diminuer la couverture contre le risque que représente le système actuel. Aujourd'hui la perte de travail n'amène pas à perdre sa couverture médicale, c'est une incitation forte à créer son entreprise. La loi sur les soins abordables et la protection des patients de Barack Obama vise précisément à créer un tel environnement et à stimuler l'économie en supprimant l'un des obstacles à la création d'entreprise et à l'emploi indépendant. Plus de travail au mérite et plus de mérite au travail ne sont pas une punition. Mais elle est la condition de la sauvegarde de nos assurances sociales qui font parfaitement sens dans un monde plus risqué.

En parallèle, la valorisation de l'investissement permettra aussi d'assurer un retour de l'épargne en France et donc d'améliorer notre appareil productif, seule source de compétitivité. Cette épargne nationale, revenue de l'étranger et celle déjà présente mieux orientée, donnera des marges de manœuvre aux créateurs, aux entrepreneurs, aux développeurs pour lancer ou faire grandir leur activité. L'épargne est d'ailleurs l'un des deux piliers de la prospérité française sous la monarchie de Juillet de laquelle les mots de François Guizot, chef du gouvernement de l'époque, nous sont restés : « [...] Éclairez-vous, enrichissez-vous, améliorez la condition morale et matérielle de notre France[22]. » *Tous nécessaires* renvoie forcément aussi aux Français qui sont partis à l'étranger. Marc Simoncini, entrepreneur à succès, a récemment appelé ses homologues qui ont quitté la France à revenir pour défendre la mère patrie. Il a plus que raison et il est plus que temps de leur donner envie de revenir car nous avons besoin d'eux.

La vision sur le travail se complétera par une vision sur le numérique. Si la 3ᵉ révolution informatique, celle de la numérisation des pans entiers de l'industrie est de plus en plus présentée comme inéluctable et radicale dans ses effets économiques et sociaux, l'absence de vision l'accompagnant, après l'échec de la *société de la connaissance*, nourrit la suspicion et la crainte, surfant sur l'idée anxiogène de la fin du travail. Il faut penser le travail de demain pour montrer que celui d'aujourd'hui

---

22.· François Guizot à la Chambre des députés, en réponse à Dufaure lors de la séance du 1ᵉʳ mars 1843, peu de temps après sa nomination à la tête du gouvernement.

a un avenir. Or plus un jour ne passe sans que les effets délétères de la numérisation de l'économie soient pointés du doigt. Dans un maelström agrégeant *big data*, intelligence artificielle, robotique, NBIC, le numérique est devenu le réceptacle de toutes nos peurs. Les néo-luddites sont célébrés et le lien sacré entre progrès technologique et progrès social, dont l'effilochement avait débuté au milieu du XXe siècle, menace d'être définitivement rompu. L'inquiétude ne provient pas tant de l'horizon de cette transformation technologique, qui ne pourrait être atteinte sans répondre aux désirs d'une majorité de citoyens, que de la rapidité supposée de la transition vers un monde nouveau. Or il s'avère que celle-ci est considérablement exagérée par une poignée d'élites alors même que les acteurs politiques se révèlent incapables de produire une vision de long terme sur le sujet.

Côté pile, la fin du salariat est annoncée. L'économie numérique bouleverse les usages de nombreuses industries établies, en refondant les rapports entre les producteurs et les consommateurs. De nouveaux intermédiaires permettent aux particuliers d'échanger leur force de travail, des services ou des biens, de manière gratuite ou pécuniaire. Les initiatives les plus connues concernent le logement avec AirBnB, l'autopartage avec Über ou Blablacar ou des marchés en ligne comme Etsy. Les dérives sociales de ces nouveaux modèles sont pointées du doigt, dépeintes sous les traits des Turks d'Amazon, nouvel esclave numérique remplissant des tableaux Excel pour une poignée d'euros, ou des Taskrabbits, contraints d'effectuer des déménagements pour une rémunération sans garantie de protection sociale. Les prophéties foisonnent sur la fin du salariat. Si une moitié de Français voit dans le statut d'indépendant la réponse à un désir profond d'autonomie, l'autre moitié se voit déjà condamnée à cumuler des emplois misérables hors du salariat. Si cette nouvelle donne recèle les promesses d'un sas pour les non-diplômés aujourd'hui exclus du marché du travail et d'un épanouissement professionnel pour les plus qualifiés, elle angoisse les classes moyennes. La *gig economy* – économie du cachet de spectacle – n'est pas loin de devenir celle du cachet... d'antidépresseur. Ce discours anxiogène ne procède pourtant pas d'une analyse chiffrée mais du désir d'élites enthousiasmées. En exagérant le rythme de la vague, les « innovauteurs », essayistes technophiles, ne font que brusquer les peuples et sapent l'adhésion à l'idée de progrès technologique. Le différentiel, entre les 90 % de salariés en France et les 40 % de travailleurs indépendants aux États-Unis, a de quoi impressionner. Pourtant le chiffre américain agrège aussi bien les intérimaires (4 %), les personnels salariés de garde (4 %), les temps partiels (16 %)... que les vrais entrepreneurs individuels (16 %). Un chiffre à mettre en regard des 10 % d'entrepreneurs individuels français. Si diverses sources, comme le nombre d'entreprises individuelles, nous montre que la hausse du travail indépendant est inéluctable, elle se conjugue au temps lent et nous laisse le temps de nous adapter.

Côté face, l'avènement du règne des robots est annoncé. Les robots ont des « corps » de plus en plus mobiles et des « cerveaux » de plus en plus gros. Ils deviennent capables d'effectuer de nouvelles tâches, notamment cognitives, autrefois réservées aux personnels qualifiés. Les études catastrophistes sur les millions d'emplois en voie de disparition se multiplient. Courantes aux États-Unis, où l'étude de Frey et Osborne annonçant la disparition d'un emploi sur deux d'ici vingt ans fait référence, leur première déclinaison en France a prophétisé un taux de chômage de 18 % en 2025. Effectivement, ce qu'on appelle, de manière très large, la robotisation est tout à fait capable de conduire à la disparition d'un tiers à la moitié des emplois d'ici vingt ans. Voitures sans chauffeur, drones effectuant des livraisons, traducteurs intelligents, robots-juristes ou journalistes, infirmiers automates devraient fortement se développer. Mais l'histoire de notre développement est celle, multiséculaire, de l'automatisation. Le nombre d'emplois ou le niveau global d'activité ne sont pas figés. Un emploi peut disparaître mais d'autres apparaissent. Contrairement à la vision des néo-luddistes, de multiples besoins restent à satisfaire. Or plus les robots seront présents, plus la présence humaine sera valorisée dans les secteurs de l'hospitalité, du tourisme et du service à la personne. En 2035, dans la restauration, seuls les clients d'un fast-food toléreront d'être servis par un robot...

La prospérité de ces fausses prophéties trouve surtout ses racines dans un manque d'explication. Alors même que notre économie dévitalisée n'a jamais autant eu besoin d'innovation, alors même que le potentiel de création en France n'a jamais été aussi important, l'absence de vision politique sur le sujet se fait cruellement ressentir. Dans le deuxième tiers du XIXe siècle, les entrepreneurs français multiplient les innovations majeures dans le domaine de l'électricité. À l'avenant, les responsables politiques comprennent rapidement les effets socioéconomiques de cette technologie. Loin de la brocarder comme une menace, ils trouvent en elle un outil susceptible d'être déployé dans toutes les politiques publiques et dans tous les secteurs de l'économie pour en améliorer la qualité. En 1881, le président de la République, Jules Grévy, alors âgé de 74 ans, fait organiser et subventionner l'exposition internationale d'électricité. L'électricité n'est pas une angoisse mais une opportunité économique et sociale pour le pays : de l'industrie à l'agriculture, tous les secteurs sont incités à y recourir. Quel contraste entre l'électrification et la numérisation de notre société. Au lieu d'être présenté comme un outil émancipateur, le numérique est un phénomène exogène échappant aux individus. Les responsables politiques doivent proposer une vision positive, refusant les interdictions et évitant l'exagération, pour se pencher sur la régulation des usages, et non de la technologie. Ils doivent inviter les acteurs économiques, chefs d'entreprise mais aussi salariés, à saisir le numérique comme outil dont l'économie française doit s'emparer pour réaliser sa propre transformation et assurer son avenir. Il faut en parallèle penser le système de mesure, de prélèvement et de redistribution des gains de productivité pour assurer que le progrès technique continue d'entraîner avec lui le progrès économique et le progrès social.

4

LA STRATÉGIE,
UN PROGRAMME DE SOLUTIONS

*Le plus grand danger dans les moments
de turbulence, ce n'est pas la turbulence,
c'est d'agir avec la logique d'hier.*

Peter DRUCKER.

Le programme de mesures ou la stratégie est en
général la phase d'un projet de changement la mieux
préparée par les responsables politiques. Il s'agit de
tracer les chemins qui permettront de passer du point
actuel identifié dans le diagnostic au point désiré de la
vision. Ce sont les fameuses « réformes » qui doivent
amender le modèle actuel pour qu'il produise des effets
différents, directement ou indirectement, sur l'environnement socioéconomique. La précision et la clarté de la
stratégie permettront d'asseoir la crédibilité du projet.

Dans un monde où l'information circule rapidement, il est important de rendre la stratégie la plus intelligible possible pour le citoyen et de lui montrer comment cela va lui profiter. Ensuite la stratégie évolue dans un cadre contraint par des moyens financiers et humains. Bien communiquer sur la stratégie permet d'obtenir un mandat clair pour réformer. Pourtant, plus les politiques ont, en amont, sauté des étapes telles que le diagnostic ou la vision, plus ils dérivent du bon cap de la méthode, plus ils s'exposent à l'incapacité de faire.

Le ciblage et le centrage de la stratégie

L'erreur la plus courante est de projeter la vision dans le programme en tentant de couvrir tous les champs de la vie quotidienne par une démultiplication de politiques sectorielles. Même si on observe une réduction forte depuis les 100 propositions du programme de François Mitterrand en 1981, en 2012, le programme de François Hollande ne comportait pas moins de 60 mesures et celui de Nicolas Sarkozy 32. Il est indispensable de penser la politique comme des occasions en nombre limité. Le crédit donné pour réaliser le changement étant une ressource rare et l'exercice du pouvoir, dans toute organisation, s'usant rapidement. Il faut choisir ses combats, moins d'une dizaine, et réaliser le changement aux endroits où il est susceptible de développer le plus puissant effet de levier. L'essence même de la programmation entrepreneuriale est la sélectivité, l'attention du management est nécessaire pour avancer, or elle n'est pas extensible. Une stratégie d'entreprise ne comprend guère plus d'une dizaine d'axes d'évolution et en général beaucoup moins. C'est un moment crucial de choix. Le plan de transformation d'Alcatel-Lucent comprenait trois axes et moins de cinq objectifs chiffrés.

Le programme est un exercice stratégique qui doit présenter précisément la trajectoire à suivre. Ceci implique d'éviter un programme trop vague avec des images symboliques telles que « Ne pas sacrifier l'homme à la mondialisation » « Permettre aux jeunes de s'approprier l'Europe », « Assurer la dignité de tous ceux qui vivent en France », exemples tirés du programme de la droite en 2007. Se placer sur une base morale à une époque où les individus peuvent créer leur propre idéologie, et où le contrôle social est plus lâche, risque de réduire l'audience. La politique n'est pas un exercice d'incantation en faveur ou contre tel concept abstrait, la pollution, le racisme, la croissance, le système prostitutionnel... Les stratégies doivent se voir affecter un objectif précis et éviter la recherche de satisfaction d'intérêts multiples qui finissent toujours par échouer ou par arbitrer en faveur du plus facile à atteindre.

D'ailleurs cette sagesse se retrouve dans un principe majeur de la politique économique, la règle de Tinbergen, qui avance qu'il doit y avoir autant d'instruments de politique économique qu'il y a d'objectifs. Si l'histoire se raconte autour de la vision, la stratégie requiert de la précision et de la cohérence. C'est ainsi qu'on peut s'interroger sur l'utilité de la réforme du *contrat première embauche* (CPE) en janvier 2006, pour inciter à l'embauche des jeunes, seulement six mois après l'ordonnance du 2 août 2005 installant le *contrat nouvelles embauches* (CNE). Les deux contrats ne présentaient quasiment pas de différence. L'un et l'autre étaient des contrats à durée indéterminée débutant par une période de consolidation de deux ans pendant laquelle il pouvait être rompu sans justification. Dans les deux cas, le préavis et l'indemnité étaient les mêmes[1]. Seuls les publics cibles les distinguaient, le CPE étant destiné aux moins de 26 ans embauchés dans des entreprises de plus de vingt salariés et le CNE réservé aux entreprises du secteur privé d'un effectif maximal de vingt salariés. Rien n'empêchait donc une entreprise de moins de vingt salariés d'embaucher des jeunes en CNE. D'ailleurs sur 440 000 embauchés en CNE entre août 2005 à mars 2006, 40 % avaient moins de 26 ans contre 50 % pour les traditionnels CDD. La mesure était donc hautement symbolique. Elle a donc cristallisé les oppositions, le projet de loi entraînant, au printemps 2006, un important mouvement de manifestation animé par les syndicats et les étudiants. Finalement, deux mois après son adoption par le Parlement, la loi est modifiée.

Pour que les réformes aient le meilleur impact possible, il est nécessaire d'emblée de réfuter toute stratégie qui se traduirait par une complexification de la technostructure quand bien même les bénéfices attendus pourraient sembler positifs. Or bien souvent la tentation des concepteurs des programmes est de mettre en place des dispositifs sophistiqués pour ajuster à la marge le système plutôt que de le rebâtir à partir d'une feuille blanche. Il est indispensable d'éviter les solutions qui complexifient, les mesures de seuils qui nourrissent les risques de contournement, donc les besoins de contrôle, donc les coûts de bureaucratie. Que penser à cet égard d'un SMIC régional dont on sent d'emblée tout le potentiel de complexification, sans capacité à répondre au problème de l'emploi. Les péripéties fiscales du projet de loi de finances 2016 resteront dans les

---

1. Le préavis était de deux semaines pour moins de six mois de présence et d'un mois au-delà de six mois de présence et l'indemnité égale à 8 % du montant total de la rémunération brute due au salarié.

mémoires. Une image demeurera de la réaction d'urgence du gouvernement sur la fin de la demi-part fiscale des contribuables célibataires, divorcés, séparés ou veufs, sans enfant à charge, à savoir l'absurdité d'un secrétaire d'État au Budget appelant à ne pas payer ses impôts. Les faits sont connus, à force d'être modifiée dans tous les sens la fiscalité est devenue un de ces jeux de société où l'objectif est de retirer une brique de la base sans faire s'écrouler l'ensemble. La réglementation est devenue à ce point foisonnante qu'elle est devenue un handicap pour l'action de l'État lui-même. La complexification dont il tirait sa légitimité et qui lui permettait d'intervenir partout a fini par parasiter son hôte. Le système fiscal français est la pierre angulaire du modèle de prélèvement et de redistribution. Il est donc devenu l'une de ces quelques réformes de structure nécessaires pour mettre en œuvre un programme politique. Quand les fondations sont devenues à ce point friables et instables, il faut d'abord les consolider pour ensuite construire l'étage supérieur.

En complément de la simplicité, se trouve l'universalité. Or devant l'absence de maîtrise des ressources de l'État et sans capacité d'en trouver de nouvelles, les responsables politiques utilisent les niches fiscales, la multiplication des taux ou la catégorisation de dispositifs universels, comme la mise sous condition de ressources des allocations familiales, comme autant de leviers de l'action publique. Cette politique de mitage catégoriel de dispositifs fondés sur l'universalité est contre-productive et contraire à l'esprit à l'origine de leur fondation. Le seuil pour déroger à l'intérêt général n'a cessé de baisser en parallèle de la participation électorale. Désormais tout groupe plus ou moins organisé d'une centaine de milliers de personnes peut revendiquer l'établissement de nouveaux privilèges.

Le nécessaire recours aux indicateurs

Le programme est nécessairement complété avec un ou deux objectifs et indicateurs quantifiables et réalistes pour chacun des axes stratégiques afin d'en contrôler l'état d'avancement et d'en suivre la mise en œuvre lors de la phase d'exécution. Pour la première fois, dans son programme de campagne 2010, David Cameron donna huit indicateurs sur lesquels les électeurs pourraient juger de la réussite ou de l'échec de sa politique. On y recensait la cible de 2 % d'inflation annuelle, la part des exportations et des investissements dans la production nationale, le nombre d'enfants dans des ménages où aucun parent ne travaille, l'augmentation de la productivité dans le secteur public.

Ces indicateurs doivent être centrés sur l'efficience plutôt que sur l'efficacité qui invite à la manipulation. Lorsqu'en novembre 1985, le ministre socialiste de l'Éducation nationale, Jean-Pierre Chevènement, propose d'amener en quinze ans 80 % d'une classe d'âge au niveau du baccalauréat, l'idée est unanimement saluée. Il s'agit de faire un saut quantitatif et qualitatif, en doublant le nombre de bacheliers, pour répondre à la nécessaire montée des compétences dans l'économie de la connaissance. La France était alors à la traîne, face à de nombreux pays développés, comme les États-Unis ou la Suède, qui avaient déjà atteint l'objectif des trois quarts d'une classe d'âge ayant fait des études jusqu'à l'âge de 18 ans.

Le problème c'est que l'indicateur s'est substitué à l'objectif d'élévation du niveau de compétence de la population. Sans amélioration de l'efficience du service public de l'éducation, l'ajustement s'est fait par l'abaissement du niveau d'exigence. En 2014, plus de 77 % d'une génération atteint le baccalauréat. Malheureusement, cet objectif a été atteint non par la montée des compétences et connaissances mais par une inflation des notes, que démontre bien la multiplication des mentions. Au début des années 1990, il y avait 1 % de mention très bien et 5 % de mention bien. Vingt ans plus tard, elles atteignaient respectivement 9 % et 17 % du total des bacheliers. Des inspecteurs pédagogiques de l'académie de Versailles ont publié en 2015 les règles d'évaluation de l'épreuve d'histoire. Il est précisé que l'analyse de document peut se passer d'introduction, de plan, de recul critique et être purement linéaire. Évidemment, les correcteurs trop sévères « engageront (leur) responsabilité personnelle, encourant recours et sanctions ».

La qualité des services publics de l'école ou de la justice a baissé, au moins autant par l'absence de motivation individuelle que par l'ajout de moyens supplémentaires. C'est l'efficience, autrement des résultats atteints pour un euro investi, qui s'est dégradée. La dépense annuelle par élève a presque doublé en trente ans dans l'Éducation nationale, atteignant 6 000 euros dans l'enseignement primaire et 10 000 euros dans l'enseignement secondaire. Pourtant les résultats n'ont pas suivi comme l'ont montré les classements internationaux. En l'absence de l'une des trois bases du triangle de la motivation, à savoir la responsabilité, la sanction et la récompense, l'organisation s'effondre sur elle-même. Il y a peu de chance d'observer un quelconque changement. La réforme ne passe donc pas par l'injection de nouveaux moyens mais requiert déjà et avant tout un changement organisationnel pour décentraliser et assouplir le fonctionnement de cette gigantesque institution.

Les indicateurs doivent être en nombre réduit afin de ne pas laisser le bénéfice de celui qui se serait le plus amélioré. Dans un monde où la statistique a été faite reine par les médias – il suffit d'observer la hausse des sondages quantitatifs incongrus –, il est tentant pour tout responsable de brandir tel chiffre parcellaire ou hors contexte comme justification à son action, quitte à parasiter son efficacité. Pour l'État, une bonne manière de détourner l'attention est de compléter le produit intérieur brut par d'autres indicateurs moins mauvais. En avril 2015, une proposition de loi a été votée obligeant à ce que chaque année, lors de la présentation du budget de l'État, le gouvernement rende publics dix indicateurs complémentaires. Parmi ceux-ci on trouve un indice subjectif de qualité de vie, le taux de mesure des inégalités de revenus, le taux de recyclage des déchets, l'empreinte carbone ou un indice d'abondance des oiseaux. Il a même été suggéré que ces indicateurs rentrent dans les études d'impact obligatoires pour les textes législatifs. L'habillage comptable quand un indicateur n'est pas bon est également très présent dans le monde de l'entreprise mais le contrôle externe est fort. Des commissaires aux comptes aux régulateurs en passant par les analystes financiers, nombreux sont ceux qui vérifient ce type d'artifices.

Il faut prévenir le risque de confusion entre la stratégie et ses indicateurs. Fonder exclusivement son discours sur la part de la dépense publique dans la richesse intérieure c'est confondre un indicateur qui donne une photographie du problème avec une stratégie expliquant comment faire baisser cette dépense. Néanmoins, le pilotage peut s'exercer par les indicateurs une fois que la stratégie a été définie. Une fois actée la nécessité d'une augmentation de la durée des cotisations retraites eu égard à l'augmentation de la durée de vie, il est possible d'indexer l'âge de cotisation sur l'espérance de vie comme l'ont fait l'Espagne ou l'Italie. La mise en place de ces cliquets automatiques permet de séparer le technocratique du politique et donc d'éviter d'entamer inutilement la légitimité et l'autorité du dirigeant obligé dans le cas contraire à reprendre à zéro le processus de réforme à chaque changement de conditions pourtant aisément prédéterminables.

Faire des individus les moteurs du programme

Trop peu de mesures sont présentées selon leur impact sur la vie quotidienne des Français. Les responsables politiques ignorent trop souvent la connaissance précise du moteur économique. Contaminés par une vision macroéconomique issue de la haute fonction publique, ils croient qu'en tournant la molette sur tel agrégat macroéconomique (les charges, les impôts) cela fera varier automatiquement un autre agrégat macroéconomique. Ces relations de corrélation entre les différents postes de l'économie française existent mais elles sont beaucoup plus aléatoires qu'elles ne l'étaient dans une économie moins diversifiée, moins internationalisée et surtout où les individus étaient moins qualifiés. Car les courroies de transmission, les engrenages entre ces agrégats macroéconomiques, ce sont des hommes et des femmes avec chacun une psychologie différente, avec une capacité de jugement et d'arbitrage qui a considérablement augmenté par la massification de l'enseignement. Lorsqu'on ignore cette composante humaine, on dépense des dizaines de milliards en crédit d'impôt sur la masse salariale, *alias* le CICE, en se plaignant ensuite de ne pas en voir les effets. Sauf que c'est le plombier dont la femme le menace de le quitter parce qu'il travaille trop qu'il fallait convaincre d'embaucher, pas la grande entreprise pour laquelle le CICE n'est qu'une bonne nouvelle comptable qui ne fera pas varier d'un iota le plan de recrutement pluriannuel. Au final, nous aurions pu espérer que le CICE serve la cause de l'emploi. Que nenni. Il est parti repaître la citadelle du marché du travail. Selon une récente étude de l'OFCE, le CICE aurait permis de créer ou sauvegarder à peine 120 000 emplois, mais d'augmenter les salaires de 1,1 % depuis 2014, l'effet inverse de l'objectif de compétitivité initialement recherché. Ces hausses sont le signe du plein-emploi. Car oui, nous avons le plein-emploi en France! Malheureusement, il ne concerne que les cadres, les diplômés, les salariés en CDI des grandes entreprises. Voici l'archétype de la bonne mesure mal pensée, mal préparée et mal exécutée, ou quand la réforme échoue sur la méthode. Le CICE a été une telle usine à gaz que m'ont été rapportés des cas d'artisans obligés d'acquitter 200 euros de frais de comptable pour récupérer moins de 800 euros de crédit d'impôt.

La stratégie doit toucher des individus afin qu'ils modifient leurs comportements *via* des mécanismes d'anticipation. De ces anticipations dépendra le succès du programme car elles en sont la courroie de transmission. L'enjeu, c'est que les individus mettent eux-mêmes en branle la machine afin de démultiplier et d'accélérer l'impact du programme. C'est leur somme qui fera évoluer la situation économique globale. Les meilleures mesures sont donc celles qui ont été rendues suffisamment explicites pour que les individus comprennent ce qu'ils ont à y gagner en tant qu'acteurs du jeu économique, avant même l'application concrète de la mesure. Il est indispensable pour cela de se mettre à la place des individus et de prévoir la façon dont ils vont réagir. Ils doivent comprendre comment le programme les touchera individuellement. Dès 1850, Frédéric Bastiat écrivait : « Dans la sphère économique, un acte, une habitude, une institution, une loi n'engendrent pas seulement un effet, mais une série d'effets. De ces effets, le premier seul est immédiat ; il se manifeste simultanément avec sa cause, on le voit. Les autres ne se déroulent que successivement, on ne les voit pas. » L'accroissement de la communication renforce la part jouée par les anticipations des acteurs.

Comme l'affirma Nicolas Sarkozy lors d'une conférence en juin dernier, « à l'époque d'Internet et des réseaux sociaux, vous commencez à appliquer votre programme dès que vous êtes en campagne ».

Ces anticipations, pas toujours rationnelles, sont toutefois prévisibles. Elles sont prévisibles par les retours de l'expérience. C'est ainsi que des modèles d'élasticité de la demande au prix du tabac ont été créés pour fixer les augmentations tarifaires susceptibles d'engendrer une baisse de la consommation. Elles sont même de plus en plus facilement prévisibles grâce aux technologies de données massives, les fameuses *big data*. Celles-ci permettent de capturer des grands volumes de données à l'aide de logiciels et d'appareils individuels, au premier rang desquels le smartphone, puis de les traiter à l'aide de modèles mathématiques afin de dessiner des schémas de réactions possibles des individus à telle ou telle variation de leur environnement.

Cette attention aux individus se retrouve dans la recherche académique. Depuis quelques années une abondante littérature est apparue sur le *nudge* dans la science du management public aux États-Unis depuis les travaux précurseurs de Richard Thaler. Le *nudge* vise à corriger les biais cognitifs, c'est-à-dire les faiblesses de la nature humaine, en montrant aux individus quels actes les avantageraient le plus. L'économie comportementale, utilisée par des agences gouvernementales et des autorités de régulation, mais aussi par les entreprises, a fait des progrès considérables depuis la remise du prix Nobel d'économie à Daniel Kahneman en 2002[2]. Dans son ouvrage, il pré-

---

2. KAHNEMAN Daniel, *Système 1 / Système 2. Les deux vitesses de la pensée*, Paris, Flammarion, 2012.

sente comment notre façon de penser se divise en deux systèmes, l'un rapide, intuitif et émotionnel, l'autre lent, réfléchi et logique. À l'aide de nombreux exemples, il montre à quel point nous pouvons nous tromper en nous appuyant sur notre intuition. Elle remet en cause les préceptes de l'École de Chicago qui voudrait que les agents économiques soient rationnels. Les politiques publiques doivent dès lors inciter les agents économiques à avoir des comportements générant un bien-être économique global et corriger l'irrationalité des décisions individuelles. Raj Chetty, un jeune économiste professeur à Harvard, a montré que les citoyens ont souvent des comportements éloignés de ce dont l'agent représentatif nous a rendus coutumiers. Ainsi les incitations fiscales sont souvent un coup d'épée dans l'eau car elles sont mal comprises ou mal expliquées. Un grand nombre de changements ne peuvent être mis en application du jour au lendemain au risque de permettre des arbitrages de la part des agents économiques. Le meilleur exemple est la réforme du mode d'imposition pour passer à un prélèvement à la source. Ce changement nécessite d'être pensé sur plusieurs années afin d'éviter que les citoyens en capacité de piloter l'allocation de l'année de référence de leurs revenus n'en profitent pour faire de l'optimisation fiscale. En mettant les individus dans la situation de l'arbitrage voulu *a priori*, on évite une grande partie des coûts de contrôle *a posteriori*. Ainsi nul besoin de contrôler les individus pour s'assurer qu'ils sont bien à la recherche d'un emploi ou qu'ils ne profitent pas indûment des aides, s'ils sont déjà mis en situation d'arbitrage favorable en faveur du travail.

Les leviers pour influencer le comportement des individus sont essentiellement de deux types : matériel ou symbolique. Le secteur privé est un très grand utilisateur de l'analyse individuelle pour essayer d'influencer les comportements d'achats. Il a recours au levier symbolique avec la publicité jouant sur de nombreux ressorts, comme le prestige social dans le cas des voitures ou la qualité des aliments pour l'industrie agroalimentaire. Il a aussi recours au levier matériel avec les promotions et autres modèles évolutifs de fixation des prix, poussant les individus à acheter en fonction du prix de référence et de ses variations. Des changements importants ont pu avoir lieu dans certaines organisations rien qu'en mobilisant les leviers symboliques notamment celui de la fierté et de l'émulation naturelle entre pairs. Dans le cadre de la transformation de La Poste, pour justifier l'installation des automates d'affranchissement, il a fallu montrer que cela émanait d'une véritable attente des clients et permettrait de diminuer la file d'attente génératrice de mécontentements. Les directeurs de bureau de poste ont été invités à aller visiter les bureaux alentour pour effectuer la comparaison avec ceux qui avaient modifié leurs façons de travailler. Certains bureaux de poste volontaires ont été certifiés, générant ainsi de la fierté et du challenge. Les postiers sont entrés par la porte des clients et ont acquis une conscience de l'espace différente. Xavier Quérat-Hément, le directeur qualité du groupe, souligne combien l'engagement par la preuve a aidé à l'adhésion des équipes[3]. On ne progresse que si l'on se compare et qu'une mise en concurrence s'opère. L'exemplarité et la promotion des meilleurs sont de très efficaces leviers de motivation. Jean-René Fourtou, président de Vivendi, donne souvent l'exemple du pavillon bleu qui a permis de considérablement améliorer la gestion de la qualité de l'eau des plages en créant une compétition

---

3. AGHABACHIAN Sylvie, « Comment Xavier Quérat-Hément a transformé La Poste », in *Les Échos*, 26 juin 2014.

saine entre les différentes cités balnéaires. La pratique peut être inversée en mettant en avant les plus mauvaises performances. Ainsi, la mise en ligne publique des taux d'absentéisme entre les différents secteurs de la fonction publique serait susceptible de mettre sous pression les services les moins consciencieux.

Des pays ont déjà investi dans ce domaine de la politique comportementale. Le Royaume-Uni a créé en 2010 une agence d'observation comportementale Mindspace placée auprès du Premier Ministre alors que M. Obama a entrepris de faire une place à l'économie comportementale dans les politiques publiques. Elle serait une initiative bien utile pour les gouvernants en France. Ceux-là même qui se plaignent de l'absence d'effets de leur politique de baisse des charges sociales mais qui ne comprennent pas que celle-ci, beaucoup trop complexe, est réservée aux grandes entreprises dans lesquelles elles ne déclenchent pas la moindre anticipation économique. Elle devient une simple ligne statistique noyée dans le reporting financier de l'année alors que, ciblée, elle aurait pu convaincre un artisan dont la femme se plaint qu'il fait de trop gros horaires d'embaucher son premier salarié. Dieu se rit des hommes qui implorent les effets dont ils ignorent les causes.

Toujours en faisant confiance à l'individu, la stratégie doit également viser à ouvrir des nouveaux espaces de liberté dans lesquels les citoyens pourront coconstruire les modèles de régulation. Il vaut mieux offrir une palette de comportements différents, tout en conservant la possibilité de récompenser les plus utiles à l'intérêt général, que de vouloir imposer une norme qui pourrait être contournée. Lorsque les individus perçoivent explicitement les avantages du changement, ils peuvent en devenir les promoteurs. Lors des phases de changement dans les entreprises, il a été montré l'impact positif de marges de manœuvre laissées aux salariés pour qu'ils définissent eux-mêmes des comportements nouveaux. L'école des relations humaines fondée par E. Mayo a prouvé la nécessité d'impliquer et de responsabiliser les acteurs pour en faire des moteurs du changement. Les acteurs qui ont pris part au changement ont de fortes chances de se révéler par la suite les plus ardents défenseurs des réformes. Le meilleur exemple de cette stratégie est la création du statut d'autoentrepreneur qui, en cinq ans, a convaincu plus d'un million de Français de se lancer dans l'aventure entrepreneuriale de manière simplifiée. Nul doute que les effets politiques d'une telle mesure sont incommensurables, créant une classe de citoyens avec un nouveau regard sur le rôle de l'État. En son temps, Thatcher avait souhaité aider les Britanniques à devenir propriétaires fonciers et actionnaires au prétexte qu'un travailleur converti à l'actionnariat ou qui portait un prêt pour acheter son logement voyait sensiblement réduite sa motivation à faire grève.

L'appropriation des réformes par les individus peut jouer un grand rôle dans la réussite de la réforme. L'OCDE a produit un excellent rapport intitulé *L'Économie politique de la réforme : Retraites, emplois et déréglementation* dont l'objet est d'offrir une meilleure compréhension des conditions qui favoriseront l'application de réformes à l'aide d'études de cas. Ces études concluent que les réformes les plus réussies ont été endossées par des individus ou des institutions qui avaient un intérêt objectif à ce qu'elles réussissent. Un individu devient alors un avocat de la réforme et la porte auprès de ses connaissances professionnelles, sa famille, ses amis. Récemment, pour le World Economic Forum, l'ancien ministre suédois des Finances de 2006 à 2014, Anders Borg a tracé les cinq grands principes directeurs de l'exécution des réformes afin de maximiser ses chances de réélection. L'un d'entre eux consiste à mobiliser une armée d'entrepreneurs en faveur de la défense des réformes, autrement dit des gagnants précoces ou des soutiens idéologiques. À cet égard, si personne n'ignore qu'il y a en France 1,8 million de syndiqués dont un million dans le secteur public, un grand nombre de responsables politiques oublient que notre pays compte 3,3 millions de chefs de très petites entreprises, employant moins de dix salariés. Il faut en outre ajouter à cette population 6 millions de salariés dans des petites et moyennes entreprises de moins de 250 salariés qui sont pleinement alignés avec l'intérêt de leur entreprise.

Le budget au cœur de la stratégie

La stratégie se définit inévitablement par rapport aux moyens qu'elle mobilise pour sa mise en œuvre : elle doit être budgétée. L'exercice d'évaluation du coût des programmes auquel s'astreignent désormais les *think-tanks* français lors des élections présidentielles est une étape clé pour valider le degré de réalisation d'un projet. Il est pour l'instant concentré sur les seuls volets coûts et réduction des dépenses parce que l'accès à la simulation macroéconomique des mesures proposées est un exercice beaucoup plus périlleux.

Sans aller jusqu'à ce degré de précision, au moins les hypothèses devraient être réalistes, loin des exercices de minoration des dépenses ou d'exagération du rendement des futurs impôts. L'Institut Montaigne n'avait pas manqué de souligner dès mars 2012 que le projet socialiste exagérait de 15 % les recettes nouvelles qu'il allait générer. Effectivement, dès la présentation du projet de loi de finance en septembre 2012, l'objectif de retour à l'équilibre a été abandonné pour un déficit attendu de 0,3 % en 2017. Aujourd'hui le déficit 2017 s'établira dans le meilleur des cas dix fois plus haut, à 3,2 %. L'exécutif français brille par son optimisme, puisque ses prévisions depuis quinze ans ont été douze fois supérieures à celles du consensus. En pourcentage, l'écart moyen annuel est de 0,3 % du PIB. Chaque année, ce mensonge d'État nous prive de l'émergence d'un débat public sain, avec des vrais choix de politique publique et entame la crédibilité de notre pays auprès de nos partenaires internationaux. Face à la crue réalité des chiffres, les Français peuvent soit considérer les prévisions comme réalistes et constater l'inefficacité de leurs élus, soit l'estimer inatteignable et constater leurs mensonges. La crédibilité des hypothèses sous-jacentes à la stratégie d'une organisation peut aller jusqu'à mettre en jeu sa survie. Ainsi le précédent management chez Alcatel-Lucent avait tablé sur la croissance significative des marchés adressables, entamant la solvabilité de l'entreprise. La récente crise grecque a montré à quel point l'absence de crédibilité des propositions et des prévisions, si elle pouvait amener au pouvoir, conduisait à terme à détruire la confiance et asphyxier une économie. En janvier 2015, avant l'élection d'A. Tsipras, la prévision de croissance de la Grèce était supérieure à 2 %. En moins de six mois, elle est passée en territoire négatif.

Parce que la France est dans une situation de déficits publics chroniques, toute élaboration de la stratégie est donc un exercice contraint pour 2017. L'endettement supplémentaire ne sera pas acceptable. Si cet objectif ne peut en aucun cas constituer une vision, il est un élément indispensable à prendre en compte, en particulier avec le renforcement des contraintes économiques européennes. Pour répondre à la crise de 2011, l'Union européenne a en effet renforcé la surveillance des États membres. Il existe désormais deux grandes procédures de surveillance des États-membres : le Pacte de stabilité et de croissance

qui contient l'obligation fixée dès 1992 de ramener
le déficit public et la dette consolidée respectivement
sous 3 % et 60 % du PIB ; la procédure de déséquilibre
macroéconomique qui a pour but d'identifier suffisamment
tôt les États susceptibles de nuire à l'Union par une
politique économique divergente. Il faut avoir en tête
qu'un gouvernement arrivant au pouvoir en mai 2017
aura à résorber un déficit public de plus de 80 milliards
d'euros au mieux, dans un contexte de remontée des taux
d'intérêts début 2016 aux États-Unis et à l'automne 2016
en zone euro qui, sans l'empêcher, pourraient à tout le
moins renchérir le coût de l'endettement supplémentaire.
S'il n'existe pas de contrôle *a priori* (avant l'élection) des
programmes politiques par la Commission européenne,
la Grèce l'a montré, sa traduction dans un projet de
loi de finance rectificatif sera scrutée. La Commission
pourra même demander d'amender le budget avec des
efforts d'économies ciblés sous peine de sanction, sous la
forme d'un dépôt de plusieurs milliards d'euros auprès
de la Banque centrale européenne. Ce que demande
la Commission est de plus en plus précis : mesures
additionnelles sur les retraites, en particulier les régimes
complémentaires, ajustement des salaires plus proche de
l'évolution de la productivité, réduction des contraintes
réglementaires pesant sur les entreprises, simplification du
régime fiscal, dérogations légales au niveau des entreprises
ou des branches notamment en matière de temps de travail
et enfin réforme de l'Unedic.

Si la réduction de la dépense publique est une
nécessité, la méthode oblige à prendre en compte deux
retours de l'expérience. Le premier est une certaine
tempérance dans la possibilité des réductions car on
surestime constamment la capacité à réduire la dépense
publique. Aujourd'hui, en France, plusieurs candidats

déclarés à l'élection présidentielle de 2017 ou des grands ténors évoquent des réductions de dépense publique de 6 à 7 % de la richesse nationale[4]. Certains ont même évoqué l'idée d'inscrire dans la Constitution un plafond de dépenses à 50 % du PIB. Conjuguée à une augmentation de la population de 2 % cela signifie une réduction de la dépense publique par tête de près de 9 % en cinq ans. Or, d'après les calculs de l'Institut de l'Entreprise, dans le cadre d'un rapport sur les exemples étrangers, entre 2009 et 2014, l'évolution des dépenses publiques en termes réels par habitant a été de − 5 % au Royaume-Uni, − 6 % en Italie, − 7 % en Espagne et − 13 % en Irlande. Ces mêmes dépenses ont progressé de 4 % en France. Cela voudrait dire faire un programme d'austérité supérieur à celui de l'Espagne. En outre, mettre fin à la quarantaine de milliards empruntés chaque année auprès du reste du monde signifiera injecter moins d'argent dans le cycle économique.

Si on remonte plus loin dans le temps, sur vingt-cinq pays ayant mené des réformes budgétaires dans les décennies 1980 et 1990, seuls cinq, la Belgique en 1983, le Canada en 1992, la Finlande, la Suède et les Pays-Bas en 1993, ont réussi à réaliser, en cinq ans, une baisse des dépenses publiques au moins égale à 7 % du PIB[5]. Une grande partie de ces réductions s'explique par des effets de politique monétaire, un outil non disponible en France du fait de l'appartenance dans la zone euro. Sur la période 1994-1998, la Suède, souvent présentée comme un modèle de réforme, a en effet réduit sa dépense publique de 12 points de PIB

---

4. WOERTH Éric, *Une crise devenue française*, Paris, Archipel, 2015.

5. HAUPTMEIER Sebastian, HEIPERTZ Martin et SCHUKNECHT Ludger, *Expenditure Reform in Industrialised Countries : A Case Study Approach*, Discussion Paper No. 06-050.

mais de « seulement » 4 points hors effets de la politique monétaire. Les tentatives de consolidation budgétaire ont été des exercices itératifs et heurtés, la plupart des pays cités en exemple ayant déjà mené des tentatives de réductions de la dépense publique avant d'être arrêtés par une récession. L'expérience accumulée des gouvernants et l'effritement préalable des résistances avaient aidé à mener une consolidation plus importante la décennie suivante.

Alors que personne ne manque de fustiger l'austérité qu'ont menée ces pays, comment faire accepter une réduction une fois et demie supérieure ? Le rapport *Quelle France dans dix ans ?* n'envisageait qu'une baisse de 6 points du ratio de dépense publique sur dix ans, en soulignant l'importance d'un tel effort. L'humilité devrait être de mise, d'autant que la France n'est pas habituée à ces thérapies de choc. Les gouvernements successifs n'ont pas été capables de diminuer la dépense publique depuis vingt ans. Les fameuses « économies » ne représentent qu'un frein à leur progression naturelle. La modestie est une valeur cardinale de la réussite des réformateurs, elle n'est pas l'opposé de l'ambition mais simplement le garde-fou à l'irréalisable. Lors du discours suivant son accession au pouvoir, M. Rajoy affirme « qu'il n'y aura pas de miracles. Nous n'en avons pas promis » et au contraire insiste sur la durée de l'effort qui sera demandé. À l'inverse, plein d'allant, lors de l'élection présidentielle américaine de 1980, Ronald Reagan promet de réaliser des baisses d'impôts massives financées par la baisse des dépenses publiques. Entre 1981 et 1983, l'Economic Recovery Act baisse les impôts sur le revenu et les taxes sur les entreprises. Mais, en parallèle, le président s'avère incapable de baisser les dépenses sociales et les dépenses militaires augmentent. Le déficit budgétaire américain s'accroît, triplant entre 1980 (– 1,8 %) et 1983 (– 5,6 %).

Le second facteur clé de succès dans la réduction des dépenses est la sélectivité. Une note publiée en avril par France Stratégie *Quelle sélectivité dans la réduction des dépenses publiques ?* attirait notre attention sur l'importance de ce facteur. Tous les euros dépensés ne sont pas égaux. Au-delà de la dichotomie un peu simpliste entre dépenses d'investissement et de fonctionnement, il faut concentrer la réduction des dépenses là où elles affectent le moins la croissance économique. Ceci est particulièrement vrai pour les transferts sociaux et les traitements des fonctionnaires. France Stratégie a élaboré un indice de sélectivité de la baisse des dépenses basé sur l'évolution des différents postes et l'évolution des dépenses publiques totales. Cet indice montre une forte corrélation entre l'indicateur de sélectivité des dépenses et la variation absolue des dépenses. Effectivement la non-sélection, le fameux coup de rabot homothétique, ne permet pas d'aller très loin ; il met sous pression l'ensemble des agents en les exhortant à faire plus avec moins de moyens, sans donner les outils pour faire autrement. Ce travail souligne que la France fait partie des pays européens qui ont le moins modifié la structure de leurs dépenses ces dix dernières années et est, logiquement, le pays qui a le moins tranché parmi ses dépenses. L'indice de sélectivité est trois fois supérieur au Royaume-Uni et deux fois en Espagne par rapport à la France.

Alors que l'assainissement des finances publiques sur 2015-2017 est censé se faire sans recourir à des augmentations de prélèvements obligatoires, il faudra choisir. Il serait intéressant de tester chacun des programmes des candidats au filtre de l'indice de sélectivité de France Stratégie pour savoir lesquels proposent de véritables arbitrages. En 2010, D. Cameron a fait accepter son plan d'austérité en affirmant un choix structurant, écartant d'office l'éducation et la santé qu'il a souhaité préserver, répondant à une demande forte des Britanniques. À l'inverse, il a choisi de concentrer les coupes budgétaires sur les dépenses d'allocations sociales vis-à-vis desquelles le soutien de l'opinion publique s'était progressivement effrité. En 2015, son programme se poursuit dans cette lignée, en promettant même d'augmenter le budget du système public de santé pour assurer un meilleur service.

Notons qu'une forte pression sur les finances publiques réduit les chances d'adoption de réformes au coût immédiat et aux avantages plus tardifs pour les ménages. Il faut alors trouver des ressources d'indemnisation des perdants ou consommer du capital politique déjà amoindri dans l'assainissement budgétaire. Les travaux économétriques les plus récents ont mis en évidence que de saines finances publiques étaient quantitativement associées à plus de réformes et à une plus forte grande probabilité de réussite.

L'esprit d'équipe au plus haut niveau

Une stratégie orpheline est condamnée à l'échec, les réformes doivent être incarnées par une équipe. L'équipe chargée du projet responsable de l'élaboration et de la mise en œuvre du projet doit être constituée et dévoilée avant l'obtention du mandat pour réformer. Celle-ci ne peut être qu'unie, cohérente et complémentaire. La tendance est naturellement à exagérer le rôle des individus dans les réformes, trop d'acteurs revendiquent la paternité d'une réforme réussie et peu acceptent d'associer leur nom à une réforme ratée. Ceci étant dit, l'absence d'acteur politique qui soit en mesure d'impulser et de préserver l'idée de la réforme est une cause sensible d'échec.

Lorsqu'un dirigeant arrive dans une entreprise, il présente l'équipe qui va l'accompagner en mettant en avant les qualités de ceux qui vont l'aider à mener le changement. Un candidat à une élection individuelle devrait faire la même chose, en révélant les futurs membres de son gouvernement en amont. Aujourd'hui cela n'est pas fait car pour chaque poste de ministre, dix ou quinze personnes se voient promettre d'entrer au gouvernement, s'assurant ainsi une fidélité temporaire, la déception n'arrivant qu'après la prise de pouvoir. Cela pose le problème de la spécialisation, à tout le moins de la connaissance d'un sujet, et de l'incarnation politique de celui-ci dans l'opinion publique. La spécialisation éviterait une sélection en catimini, aboutissant à la désignation de profils pas toujours identifiés ou reconnus par les interlocuteurs et les électeurs. Peu importe que les ministres opèrent sur des dimensions sectorielles et non fonctionnelles comme dans l'entreprise, les champs couverts par les responsables politiques sont devenus tellement complexes et variés qu'ils requièrent une spécialisation. Au Royaume-Uni et dans les pays qui en ont copié le système politique, Australie, Canada, existe un cabinet fantôme, *shadow cabinet*, qui inclut les députés les plus importants du parti de l'opposition parlementaire, chacun ayant pour mission de surveiller un ministre du gouvernement.

Une équipe de direction comme un gouvernement identifié doit surtout être unie. C'est là le constat le plus net qui se dégage des études de cas réalisées par l'OCDE. La cohésion est une condition nécessaire d'une réforme réussie. L'existence d'un conflit rendu public et médiatisé entre des membres d'un gouvernement ou du parti au pouvoir condamne toutes les tentatives de réformes, les opposants ayant tôt fait d'exploiter cette division intestine. Cela est d'autant plus valable pour les systèmes électoraux majoritaires où il n'y a pas d'alliance entre partis. En Italie, une coalition de partis s'est déchirée sur la réforme du marché du travail Biagi amoindrissant sa position dans le débat public mais cette absence d'unité n'a pas remis en cause la réforme. L'opposition entre partis est mieux acceptée, jugée plus normale, que la division à l'intérieur d'un même parti. On a parfois l'impression que la désunion est inséparable de l'individualisme qui règne au plus haut niveau des responsabilités d'entreprise et de gouvernement. Toutefois, si la ligne directrice qui va être suivie, la fameuse vision, est clairement définie, le respect de celle-ci est plus aisé que dans un flou savamment entretenu. Ce flou peut conduire à des confrontations spectaculaires, comme sur la ligne économique du gouvernement en août 2014 entre A. Montebourg, B. Hamon d'un côté et M. Valls de l'autre.

L'équipe au pouvoir doit au surplus être exemplaire pour garantir l'engagement de tous au-delà des acteurs les plus motivés par le changement. L'exemplarité est destinée à servir de leçon en frappant les esprits par sa rigueur. Elle contient un élément symbolique et s'incarne physiquement. Dans le cadre du plan de transformation d'Alcatel-Lucent, le siège a été déplacé du luxueux 7ᵉ arrondissement de Paris à Boulogne-Billancourt dans des locaux plus fonctionnels. Peugeot, en pleine transformation, préparerait également pour 2017 un déménagement de son siège social du 16ᵉ arrondissement. Concernant l'État français, dès 1958 le général de Gaulle caresse l'idée de déplacer l'Élysée au château de Vincennes pour une plus grande efficacité et moins de faste mais celui-ci ne deviendra que centre de repli du palais présidentiel.

L'exemplarité peut s'accompagner de mesures contraignantes pour les dirigeants. L'exemple le plus connu est une baisse de rémunération, comme le fit François Hollande en 2012 avec une réduction de 30 % des salaires du président de la République, du Premier ministre et des membres du gouvernement afin d'honorer une promesse de campagne. David Cameron fit passer une réduction similaire de 5 % à son entrée en fonction en juin 2010. En voulant marquer une rupture avec l'époque de S. Berlusconi, Mario Monti, dans son premier mois de mandat, fait publier le patrimoine et les revenus de tous les membres du gouvernement. Il renonce également à ses traitements de président du Conseil et de ministre de l'Économie et incite les députés et sénateurs à ne pas augmenter leur indemnité. Le général de Gaulle ne baissa pas son salaire mais afficha une exemplarité de tous les jours, allant jusqu'à payer sa taxe d'habitation à l'Élysée sur ses deniers personnels. L'exemplarité n'est pas seulement matérielle, elle implique de montrer une certaine connaissance de la réalité vécue par les parties prenantes notamment les salariés, démontrer un engagement total et s'appliquer à soi-même ce qu'on demande aux autres, en terme de disponibilité, d'exigences, de critères de performance.

Au-delà de l'équipe au pouvoir, il peut exister des figures en charge d'incarner un projet. Ces porteurs de projet, issus de la société civile ou du monde politique, reconnus comme légitimes et experts, directement en charge d'une réforme, sont censés assurer la consultation et la communication dessus, tout en préservant le crédit politique de l'équipe. C'est par exemple P. Hartz en Allemagne qui a supporté le poids de la réforme du marché du travail, peut-être à cause de son nom facile à identifier, sans doute parce qu'il était une figure connue, avec les accords de 1993 chez Volkswagen échangeant un gel des salaires contre la préservation des emplois. Sa commission suivra l'ensemble du processus d'exécution des recommandations formulées, allant jusqu'à émettre un avis formel en 2005 pour en juger du suivi. S'il est souvent admis que l'expérience de personnalités de la société civile pourrait être très utile dans un gouvernement, avec des expériences très réussies comme C. Lagarde ou T. Breton, cela nécessite un accueil volontariste de la part des autres membres du gouvernement. Les récentes initiatives en faveur de la transparence et moralisation de la vie publique, notamment celles impliquant la publication des patrimoines, se révèlent aussi de désastreuses barrières à l'entrée pour des personnes ayant professionnellement réussi.

Pas de « sauveur masqué » mais un mandat clair pour réformer

Les théoriciens de l'action publique, tout comme des générations de responsables politiques, se sont demandé s'il valait mieux que le réformateur dissimule ses intentions ou qu'il dévoile pleinement sa stratégie afin d'obtenir un large mandat pour réformer, qui permettra plus tard d'assouplir les résistances et de mobiliser les alliés en temps voulu. Une partie de la doctrine de l'action politique a longtemps porté l'idée qu'il valait mieux ne pas dévoiler ses intentions, donc à la fois sa vision et sa stratégie, au prétexte de ne pas laisser le temps aux oppositions de se cristalliser. Rapidité et furtivité guidaient les principes de la « réforme-ninja ». Les gouvernements devaient enclencher le mouvement des réformes, quitte à s'aliéner l'opinion publique, et en maintenir un rythme élevé, en tablant sur l'émergence d'un consensus à la vue des résultats bénéfiques. Souscrivant implicitement à cette doctrine, un grand nombre de responsables politiques français affirment qu'il n'est pas possible d'être élu sur un programme réformiste. Cacher la vérité, ne pas chercher le mandat pour réformer peut parfois être présenté comme une solution. Ainsi, la thèse de l'agenda caché est régulièrement avancée, à travers des exemples erronés comme Schröder en 2002. En réalité, il n'opère pas un retournement total par rapport à son premier mandat de 1998 mais montre une accélération de réformes déjà enclenchées fin 2001 avec la commission Hartz.

Cette approche descendante est aujourd'hui remise en cause, d'une part par l'importance de la psychologie des individus dans la formation de leurs comportements économiques, d'autre part par les nouvelles technologiques de l'information et de la communication qui rendent d'autant moins supportable la non-consultation et renforcent la capacité de résistance des opposants. La capacité de réforme d'un gouvernement ou d'un dirigeant est indéniablement raffermie lorsque celui-ci peut se targuer d'un mandat transparent. La stratégie doit être explicite aux yeux de toutes les parties prenantes. Dans le monde de l'entreprise, c'est cette affirmation réformiste qui a guidé l'action de C. Blanc arrivant à Air France en pleine crise de liquidité, de C. Tavares reprenant les rênes de Peugeot ou encore de P. Varin s'attelant à la transformation d'Areva. Pour la transformation, la clarté du mandat est un gain de temps et de légitimité qui la place en tête des facteurs de succès. Coté des dirigeants politiques, le mandat est accordé au moment de l'élection. En Espagne, une semaine avant les élections, M. Rajoy avait affirmé que « La priorité sera de contrôler notre déficit et de ne pas augmenter notre dette publique. La première mesure ira dans le sens de l'austérité » alors qu'au Royaume-Uni, le parti conservateur avait fait campagne en faveur du rétablissement des comptes publics. C'est traditionnellement en se présentant devant les électeurs qu'un gouvernement acquiert la légitimité pour déployer sa stratégie. En Italie, le gouvernement de Mario Monti a été fondé, hors élection, sur une union politique entre le centre-droit et le centre-gauche, avec un fort soutien de l'opinion publique mais sa popularité s'est justement rapidement évaporée.

Ce mandat est absolument nécessaire pour la réforme du marché du travail et des retraites, là où les capacités de blocage sont très élevées, les enjeux politiques importants et les perdants assez identifiés. À l'inverse les marchés de biens et services semblent moins nécessiter ce mandat du fait d'une moindre identification des bénéfices immédiats et d'un caractère technique. De plus, la consultation serait complexe car elle obligerait à démêler l'avis des consommateurs de celui des non-consommateurs. Lorsqu'un gouvernement sort de l'élection sans mandat de réforme ou avec un engagement flou sur la capacité de modifier certains sujets, il a de fortes chances de se heurter à une résistance des parties prenantes. L'exemple de 1995 en France précédemment présenté a montré à quel point une stratégie dissimulée sur l'ampleur des efforts à fournir pouvait se révéler un obstacle, notamment pour faire passer des réformes aussi lourdes que la refonte des régimes spéciaux ou la réduction des déficits de la Sécurité sociale.

L'exception qui survit au mandat clair est celle issue de l'urgence. Les situations économiques difficiles favorisent la survenance de programmes démagogues qui se heurtent au principe de réalité une fois arrivés au pouvoir et se révèlent plutôt réformistes. C'est ce que montrent des chercheurs[6] ayant recensé une douzaine de réformes réussies par des gouvernements qui avaient pris des engagements contraires pendant les campagnes électorales. L'exemple d'A. Tsipras est là encore éclairant,

---

6. WILLIAMSON John et HAGGARD Stephan, *The Political Conditions for Economic Reform*, 1994.

le dirigeant d'extrême gauche ayant dû, au final, compter sur les voix des partis modérés pour mener la politique économique la plus réformiste jamais tenue dans le pays. Le mandat transparent est moins nécessaire en cas de crise économique grave où la crainte de l'effondrement est de mise. Dans ce cas, la simple stabilisation des conditions économiques apporte des bénéfices suffisants aux électeurs pour ne pas s'opposer aux réformes. Pour autant, la seule affirmation de la force majeure rend souvent les réformes plus faciles à démanteler lorsque cette situation cesse ou que les pressions budgétaires s'atténuent.

Une bonne communication au service de la stratégie

Une fois acté le rôle clé de la transparence de la stratégie, se pose la question de la méthode de communication. Il va sans dire que le changement dérange et il y a très peu de chance d'obtenir un consensus pour faire des réformes. L'acceptation au préalable d'une réforme n'est jamais acquise. L'OCDE souligne qu'une action efficace de communication, même si elle peut prendre du temps, garantit une meilleure qualité de la stratégie et minimise les risques de détricotage ultérieur.

La communication de la stratégie doit viser à élargir le cercle de ses partisans. Elle a deux vertus : montrer la nécessité de changer – quand bien même la société a évolué dans un sens plus réformiste comme montré précédemment, cela reste un utile rappel – ; présenter la logique du changement. Les « victimes » de la réforme sont connues, que les conséquences soient des prélèvements supplémentaires ou des disparitions d'emplois, alors que les bénéficiaires à venir, comme les nouveaux entrants sur un marché régulé, ne sont pas identifiés. Mettre en lumière le coût du *statu quo* est un exercice nécessaire pour montrer aux acteurs économiques que, même si les bénéfices peuvent leur sembler lointains, diffus et à la redistribution incertaine, la réforme permettra au moins d'éviter des coûts supérieurs à long terme. Les situations où le *statu quo* n'est pas tenable doivent être énoncées clairement. Les systèmes de retraite par répartition en sont le meilleur exemple. Les agents économiques doivent évaluer la réforme non par rapport au système actuel mais par rapport à sa disparition potentielle. Mettre en lumière la non-viabilité du modèle actuel pour tous, les bénéficiaires à venir comme les actuels, est crucial. Parce que les effets concrets d'une stratégie ne sont pas évidents aux yeux de tous et peuvent parfois aller à rebours des présupposés individuels, il faut prendre le temps de les expliquer et de les décortiquer. Les effets secondaires négatifs qui pourraient en résulter ne doivent pas être cachés mais au contraire les responsables doivent montrer qu'ils resteront inférieurs au bénéfice global attendu.

Comme dans la phase de diagnostic, une réforme est renforcée si elle est soutenue publiquement par des organismes crédibles et considérés comme idéologiquement neutres, comme la Productivity commission en Australie ou le Conseil des prélèvements obligatoires en France. Même s'ils ne formulent pas explicitement des propositions politiques, ils permettent de mener un travail de recherche et d'objectivation. Néanmoins ces travaux n'ont de valeur que s'ils sont ensuite portés par des personnalités ayant accès aux médias dans une démarche politique. Le Conseil d'orientation des retraites a présenté l'effondrement des taux de récupération des retraites pour un jeune arrivant sur le marché du travail aujourd'hui. La génération 1950 reçoit 1,6 euro pour 1 euro cotisé quand la génération

1985 recevra, dans les conditions actuelles, 1,1 euro pour 1 euro cotisé. Ces conditions sont vouées à se dégrader amenant à cotiser à fonds perdus. Ces travaux n'ont jamais été repris par les responsables politiques. Pourtant, les conséquences pourraient être majeures, notamment du point de vue de l'équilibre des systèmes de retraite. Si les jeunes actifs savaient officiellement que pour un euro de retraite cotisé ils toucheront moins d'un euro, cela modifierait sans doute l'intérêt pour le salariat, où les cotisations sont fortes, au profit de modes d'emplois alternatifs comme l'autoentrepreneuriat.

La communication autour de la stratégie doit permettre d'en montrer la logique, sa capacité à faire passer d'un point A fixé dans le diagnostic à un point B présenté dans la vision. La rationalisation du débat et sa mise au niveau micro comme exprimé plus haut permet de faciliter cette compréhension individuelle. Un manque de clarté laisse une marge de manœuvre aux opposants pour redéfinir ce que serait l'objectif véritable du gouvernement, politique partisane, catégorielle ou idéologique. Si une vision claire permet de circonscrire ce risque, la pédagogie précise sur les effets et mécanismes d'une réforme est indispensable. Bien sûr, plus le nombre d'objectifs est réduit, plus l'explication est aisée. Le meilleur exemple est la loi du 8 juillet 2013 d'orientation et de programmation pour la refondation de l'école de la République initiée par Vincent Peillon, et reprise par Najat Vallaud-Belkacem, prévoyant que le collège unique soit repensé. Le diagnostic est désormais partagé sur ce sujet, les Français constatant la dégradation de la qualité de l'enseignement et étant sensibilisés aux différentes sous-performances de la France dans les classements internationaux. Le ministère a assigné trois objectifs à cette réforme : mieux enseigner les savoirs fondamentaux, former à d'autres compétences et avoir un fonctionnement quotidien assoupli pour s'adapter à la diversité des besoins des élèves. Comment est-il possible d'apparaître crédible avec deux objectifs concurrents, à savoir mieux enseigner les fondamentaux mais aussi de nouvelles matières, alors que le volume horaire est contraint ? Cette injonction contradictoire n'a pas échappé aux opposants qui ont, dès le départ, enfoncé un coin à ce sujet. D'autres contradictions sont apparues comme la suppression des classes bi-langues d'allemand alors qu'un objectif de 500 000 élèves apprenant l'allemand d'ici 2018 avait été précédemment annoncé, les enseignants mobilisés dénonçant un déni de réalité. Finalement, ces objectifs peu clairs, contradictoires et mal affirmés ont conduit au soupçon grandissant sur le caractère idéologique de la réforme. Une tentative d'égalitarisme par la suppression des enseignements de langues antiques et des classes bi-langues a été pointée du doigt. Si l'exécution de la réforme doit être souple et agile, conservant la capacité d'arbitrage et de modulation du calendrier, des ressources et des bénéficiaires, son objectif doit en revanche rester immuable.

Au-delà des électeurs, il n'est pas inutile d'obtenir une validation par les autres parties prenantes, notamment nos partenaires européens. Aller voir la chancelière au lendemain de l'élection présidentielle est une bonne raison de se rendre à Berlin mais ne serait-il pas nécessaire de consulter notre principal partenaire économique et politique en amont, pour recueillir un avis critique sur le diagnostic établi et la stratégie proposée pour changer ?

Les six axes stratégiques

À la suite de la vision développée précédemment, la stratégie remet le mérite au centre du jeu, mérite individuel comme mérite collectif, mérite du travailleur comme mérite de l'investisseur. Notre proposition de stratégie est volontairement restreinte et identifie les mouvements les plus utiles pour réamorcer la pompe de l'économie nationale, un certain nombre de chantiers devant être ensuite entamés pour conforter et accélérer les premiers résultats. Pour les dirigeants qui pilotent le changement, il y a une nécessité absolue à actionner les différents leviers au même moment. Le redressement d'Alcatel-Lucent n'est pas le résultat d'un séquençage minutieux d'initiatives, mais de la simultanéité de lancement des actions prioritaires remédiant aux différents volets du diagnostic. Le choc de compétitivité a été possible en réenclenchant la machine à innover et en relançant l'investissement en recherche et développement de l'entreprise, tout en restructurant massivement ses opérations, en rationalisant son empreinte géographique et en sortant des activités non stratégiques. En France, le travail doit à la fois porter sur l'amélioration du potentiel de croissance et sur la réduction des dépenses.

Il faut avoir à l'esprit que le redressement sera compliqué. Le temps des réformes faciles, se limitant à la flexibilisation du marché du travail, est passé. Il aurait fallu ne pas reculer et les faire en même temps que les Allemands il y a douze ans. Dominique de Villepin avait bien tenté de rendre la croissance – 2 % en moyenne – plus riche en emplois en 2005 avec le contrat nouvelle embauche mais, aujourd'hui, la question est déjà de savoir si la croissance peut structurellement dépasser les 1 %. Sans levier monétaire, dans un contexte de faible croissance et avec un budget proche de l'insincérité aux recettes maximisées par des services fiscaux voraces, la réduction des dépenses mettra sous pression des pans entiers de l'activité économique habitués à dépendre de la commande publique.

1. Rendre le droit du travail lisible et prévisible

Le problème majeur en France c'est le droit du travail. La fiscalité peut être perçue comme prohibitive, et même si son instabilité s'accroît, elle peut toutefois encore être intégrée dans un plan d'affaire et une prévision de rentabilité. Le droit du travail par son imprévisibilité, sa judiciarisation et sa lenteur empêche toute évolution de l'organisation et entrave l'exercice de prévision.

Les progrès spectaculaires engrangés ces derniers mois dans le discours public sur la nécessité de réformer le Code du travail laissent augurer un certain consensus. Mais le diable se cache dans les détails. L'exercice de simplification absolument nécessaire pour enfin créer un marché du travail moderne et efficace ne peut être fait à la marge en éliminant telle disposition tout en continuant d'en créer de nouvelles très contraignantes. C'est un schéma nouveau qui est requis, en veillant à bien commencer par fixer le cadre philosophique de celui-ci. Si le diagnostic a précisément affirmé qu'il n'est pas possible d'avoir, dans le cadre d'une économie ouverte mondialisée, des règles du droit du travail plus compliquées que dans les autres pays européens, il est indispensable de considérer les normes européennes de protection du salarié comme une limite à ne pas dépasser. C'est le fameux Code du travail ne contenant que les dispositions sociales d'ordre public définies par l'Union européenne. Celles-ci assurent la protection des droits fondamentaux des salariés, comme la durée maximale du travail de 48 heures par semaine. La pénalisation du Code du travail doit être entièrement supprimée car elle a un effet anxiogène pour un impact réel quasi nul.

L'autre principe directeur du cadre conceptuel est la subsidiarité maximale pour laisser l'échelon le plus pertinent décider des aménagements spécifiques liés à la pratique de tel ou tel métier. La négociation doit se dérouler à l'échelon le plus pertinent, c'est-à-dire l'entreprise. Le contrat de travail deviendrait soumis au référendum soumis par la direction ou aux négociations opérées au nom du salarié par ses représentants. Si le salarié venait à refuser ces accords, par un implacable respect de la hiérarchie des normes, il serait alors démissionnaire. Les branches, qu'elles soient 700 ou 100, ne sont pas le lieu idoine pour la négociation car elles nient la dynamique économique, accélérée par la numérisation, pour une structure administrative figée. En outre, la négociation aboutit souvent aux conditions les plus avantageuses offertes par les grandes entreprises, faisant porter un fardeau insoutenable aux petites et moyennes entreprises. La négociation de branche est valable pour des groupements d'entreprises de taille homogène mais à ce moment, libre à elles de s'associer et négocier collectivement avec leurs syndicats. La négociation ou le référendum doivent pouvoir porter sur tous les sujets y compris la dérogation au salaire minimum. Du côté des syndicats de salarié, des élections libres et un rééquilibrage des pouvoirs pour éviter la capacité d'enlisement incompatible avec la vie économique des entreprises semblent des prérequis nécessaires;

La résolution sans faute du contrat de travail se traduirait par un barème d'indemnisation unique, un dixième de l'ancienneté par exemple, indemnités soustraites des allocations chômage. Avec l'uniformisation des ruptures, le type de contrat importerait peu et la convergence s'opérerait vers un contrat unique personnalisé selon l'activité du salarié. Pour faire accepter ces changements, il faut les faire porter sur les contrats de travail à venir et non pas sur ceux déjà conclus, pour assurer la non-rétroactivité, socle de la confiance.

Enfin, la notion même de subordination, qui permet la distinction entre le contrat de travail et les autres contrats types de contrat et n'est pas spécifiquement définie dans le Code du travail, mériterait d'être explicitement abandonnée. Cela permettrait d'autoriser les entreprises à recourir à des personnels exerçant sous le régime de l'autoentrepreneuriat, sans crainte de les voir requalifiées en salariat déguisé. Ceci autoriserait, par exemple, les entreprises à avoir recours à des personnels exerçant sous le régime de l'autoentrepreneuriat avec la flexibilité associée. Les entreprises ou les particuliers pourraient payer les autoentrepreneurs avec un chèque fondé sur le modèle du Chèque emploi service universel. Aux États-Unis, le Department of Labor vient de décrire un faisceau d'indices pour distinguer un salarié d'un travailleur indépendant en se fondant sur la notion de dépendance économique plutôt que la traditionnelle subordination.

2. Toujours faire préférer le travail

Pour que la réforme du marché du travail fonctionne, les individus doivent être mis en situation d'arbitrage systématique en faveur du travail. On retrouve ici notre souhait de faire des mesures aussi comportementales que possible. Cet arbitrage se joue à la fois sur l'indemnisation des chômeurs et sur les allocations sociales. Manuel Valls a déclaré en octobre 2014 à l'Assemblée nationale que, « au plus tard en 2016, les syndicats et le patronat, qui en ont la charge, auront à se poser les questions des devoirs des chômeurs, et de l'incitation à la reprise la plus rapide d'une activité ».

Le régime français d'indemnisation chômage est l'un des plus généreux d'Europe tant au montant de l'allocation, de sa durée que du contrôle des chômeurs. En France, il est nécessaire d'avoir travaillé quatre mois contre un an en Allemagne. En Grande-Bretagne et en Italie, un montant minimal de cotisations sur les deux dernières années ouvre le droit à l'indemnisation chômage. En France, il est possible de toucher une allocation chômage pendant deux ans, voire trois pour les plus de cinquante ans, alors que la durée maximale d'indemnisation est de douze mois en Allemagne, dix en Suède, huit en Italie et six au Royaume-Uni. En France, le taux de remplacement varie entre 57 % à 75 % du salaire brut quand il s'échelonne entre 60 % et 67 % du salaire net en Allemagne, débute à 60 % puis passe à 50 % du salaire net en Italie. Au Royaume-Uni, le montant n'est ni proportionnel, ni dégressif mais fixé à des montants très bas, inférieurs au RSA français. En France, l'indemnisation maximale atteint 6 600 euros brut par mois quand elle est de 1 700 euros en Espagne et Italie, 2 300 euros en Allemagne et environ 600 euros au Royaume-Uni. Ailleurs, le contrôle est aussi plus strict avec des baisses d'allocations en cas de refus d'offre alors que la liberté de choix est au cœur du système en France. L'introduction d'allocations chômage plafonnées, dégressives, plus courtes dans le temps, semble faire consensus pour se rapprocher de ce qui est en vigueur dans les autres pays.

Les dépenses sociales sont le premier poste de dépenses publiques, les retraites et allocations de solidarité aux personnes âgées représentant 14 % de la richesse nationale contre 8 % dans le reste de l'OCDE. Un jeune homme entrant sur le marché du travail à 20 ans partira à la retraite, après impact de toutes les réformes en cours, à l'âge de 63 ans, autrement dit l'âge le plus précoce après la Slovénie, le Luxembourg et la Grèce. Sur les 34 pays suivis par l'OCDE, 15 auront un âge de départ à 65 ans, 1 à 66 ans, 11 à 67 ans et 3 à 68 ans. Une réforme des régimes de retraite est donc urgente. Elle doit se traduire par un allongement conséquent de l'âge de départ en retraite et de la durée de cotisations sur un rythme rapide – un semestre par an –. À l'inverse, la dépense de santé mériterait d'être sacralisée. Le service public de santé, avec les coûts salariaux, s'élève à 9 % de la richesse nationale contre 6 % en moyenne. Mais les Français ne sont pas particulièrement gourmands en soins médicaux, ils consultent leurs médecins un peu moins que la moyenne des autres pays et leur consommation de médicaments n'est pas supérieure à la moyenne. Le principal effort à faire repose sur les établissements hospitaliers pour réduire la durée moyenne de séjour à l'hôpital qui s'élevait en 2013 à dix jours, soit deux jours de plus que la moyenne des pays de l'OCDE.

La gestion des différents régimes de prestations sociales financières, y compris allocations familiales et logement, devrait être confiée à un acteur unique, le département. Enfin, leur fusion devra s'opérer à terme pour créer une allocation unique qui pourrait venir compléter les revenus en cas d'activité faiblement rémunérée. Celle-ci serait plafonnée sur un pourcentage du salaire minimal à temps plein, ce qu'a institué G. Osborne au Royaume-Uni. Elle permettrait également de lutter contre la fraude dont une récente expérience a montré l'étendue. Début octobre, le président du conseil départemental de l'Eure, Sébastien Lecornu, a renforcé les contrôles sur les versements du revenu de solidarité active (RSA). 27 % des courriers envoyés aux allocataires sont restés sans réponse et 16 % sont revenus avec une erreur de destinataire.

Enfin, la fiscalité doit mieux refléter cette préférence pour le travail. Dans une note de recherche en 2014[7], je proposais de réaliser la révolution fiscale en créant un seul impôt direct, fusionnant l'impôt sur le revenu, la CSG, la CRDS, les prélèvements sur les capitaux mobiliers, les impôts locaux et l'impôt de solidarité sur la fortune. Cela permettait de recomposer la fiscalité française sur deux bases équilibrées : un impôt indirect la TVA, un impôt direct l'impôt pour tous. Cet impôt pour tous s'appliquerait

---

7. RIVATON Robin, *Taxer mieux pour gagner plus*, Paris, Fondapol, avril 2014, 51 p.

sur tous les revenus, y compris de redistribution, dès le premier euro avec trois taux, 5 % jusqu'à 15 000 euros, 15 % jusqu'à 30 000 et 30 % au-delà. Cette proposition sans doute provocatrice peut être amendée dans une version moins radicale avec la création d'une première tranche de 2 % dans le barème de l'impôt sur le revenu s'appliquant dès le premier euro et une fiscalisation des prestations sociales versées sous forme monétaire.

3. Récompenser l'investissement productif

Lorsque l'investissement est découragé, les activités productives se réduisent. Cela finit par peser sur la capacité de création en emplois à forte valeur ajoutée, entraînant dans leur sillage les emplois de services annexes. Les comportements d'épargne et d'investissement sont étroitement liés au système fiscal. Or la fiscalité est doublement déséquilibrée en France. Elle est l'une des plus élevées d'Europe au global et sa répartition même la rend économiquement inefficace. Elle frappe trop l'épargne et pas assez la consommation, ce qui hypothèque l'avenir en réduisant le potentiel d'investissement. La France ne parvient pas à réenclencher le cycle vertueux de l'investissement du fait d'une épargne qui s'investit dans des placements inutiles, compte tenu de niches fiscales inadéquates comme l'immobilier, et fuit légalement à l'étranger pour plusieurs centaines de milliards d'euros estimés. La taxation implicite du capital est de 47 % en France, record absolu des pays développés, en hausse de 7 points en dix ans[8]. Sur la même période, elle est en baisse de 12 points en Suède (31 %) et de 7 points au Royaume-Uni (36 %). Du côté des entreprises, celles-ci supportent un fardeau supérieur aux autres pays, notamment au niveau des taxes sur la production et des cotisations sociales

---

8. Eurostat, Taxation trends in the European Union, édition 2014.

versées par l'employeur. Ces prélèvements sont d'autant plus pénalisants qu'ils sont exigés avant même d'avoir dégagé le premier euro de bénéfice. Enfin, la fiscalité est d'une rare complexité avec de multiples niches et crédits d'impôts.

Dans une recherche d'équilibre budgétaire avant tout, des baisses d'impôts en faveur des entreprises semblent une promesse peu évidente. Contraint à des choix restreints, la priorité est assumée en faveur de la baisse de la taxation de l'épargne dans un premier temps pour permettre la nécessaire relance de l'investissement productif. Deux gigantesques chantiers de remise à plat de la fiscalité semblent prioritaires.

Du côté des ménages, l'idéal reviendrait à taxer l'ensemble des revenus du capital, dividendes, obligations, plus-values mobilières et immobilières, en mettant fin aux niches fiscales, avec un impôt unique et proportionnel, proche de 25 %, comme l'ont fait les Suédois. Avec un tel système, la taxation de l'épargne baisserait fortement. La suppression des niches permettrait de mettre fin au gaspillage d'épargne dans des secteurs improductifs comme l'immobilier. Pour donner une incitation au risque, la Fondation Concorde[9] propose d'adopter un dispositif proche de l'*Enterprise Investment Scheme* britannique avec une réduction d'impôt de 30 % plafonnée à 300 000 euros pour les investissements dans les entreprises de moins de sept ans, une exonération des plus-values après trois ans de détention et une possibilité de déduction de 50 % des pertes en capital sur l'ensemble des revenus. La suppression de l'impôt de solidarité sur la fortune fait consensus à droite et il n'est même pas nécessaire d'invoquer les dégâts considérables infligés par cet impôt sur l'épargne nationale.

---

9. ROUSSEAU Michel (dir.), *Propositions d'aménagement de la fiscalité du capital*, Paris, Fondation Concorde, novembre 2015, 4 p.

Du côté des entreprises, en échange de la fin d'un certain nombre d'aides à l'économie, les taxes sur la production seraient supprimées. Les interventions économiques de l'État et des collectivités territoriales ont été évaluées à 120 milliards d'euros par an d'après le rapport Queyranne, auxquels s'ajoutent les 30 milliards issus du pacte de responsabilité et solidarité. Cela représente 12 % des dépenses publiques, avec des coûts d'administration massifs. Notons que toutes ces aides ne profitent pas aux entreprises, comme les taux réduits de TVA ou les aides au handicap. En outre, certains dispositifs, comme les allègements de charges sur les bas salaires, doivent être maintenus. Mais d'autres mériteraient absolument d'être fusionnées et rationalisées. Le bilan final serait neutre mais la clarté permettrait d'aider les chefs d'entreprise à mieux formuler leurs anticipations. Moins de niches, moins d'aides discrétionnaires, c'est moins de risques de changement des règles et donc une plus grande stabilité pour les entrepreneurs. C'est seulement en acceptant cette baisse des aides à l'économie qu'une baisse de la taxation sur les entreprises pourra être envisagée.

Au-delà des ajustements techniques qui requièrent de savants calculs, le point clé des réformes fiscales évoquées ci-dessus, pour les ménages comme pour les entreprises, est de les mener en début de mandat pour ensuite garantir cinq années de stabilité, les variations des recettes consécutives à des chocs exogènes étant assurées uniquement par un ajustement des dépenses. Le rétablissement de la confiance est à ce prix.

4. Rendre l'action publique plus efficiente

L'idée n'est pas tant de réduire la dépense publique de manière dogmatique mais d'améliorer le rendement de chaque euro investi par la collectivité dans les services publics. Si cet euro n'est pas utile, autant éviter de le prélever ou de l'emprunter, et de le laisser à la main des ménages ou des entreprises qui sauront, eux, en faire bon usage. Pour améliorer l'efficience d'une organisation, et non son efficacité comme expliqué plus haut, trois leviers sont disponibles : repenser ses missions pour s'assurer de l'utilité de son intervention ; redessiner le schéma de l'organisation pour que les individus qui y opèrent collaborent le mieux possible ; mettre les individus en situation de réussite personnelle.

La nature même de la bureaucratie est de produire des normes pour légitimer sa propre existence. Elle le fait en empiétant sur des secteurs dans lesquels elle n'apporte pas de plus-value ou n'avait pas initialement la compétence. Les initiatives de simplification sont d'une réelle efficacité à court terme pour supprimer les règles les plus absurdes et les plus dommageables pour l'économie du pays mais ne peuvent suffire pour combattre la surréglementation. La meilleure façon de mettre fin à celle-ci est de clairement définir les endroits où l'administration ne doit plus intervenir. Cela ne peut se limiter à quelques exemples mineurs, comme l'aide médicale d'État ou France Télévision, mais bien être des réflexions globales comme la politique de l'emploi, du logement ou de la culture. Pour réduire la dépense publique, il faut d'abord étudier la répartition des dépenses. La masse salariale des administrations publiques et de leurs 6 millions d'agents atteint 278 milliards d'euros. Ces dépenses de personnel représentent un quart de la dépense publique[10]. Au cours des dix dernières années, la masse salariale publique a en moyenne augmenté de 2,4 % par an, alors que les rémunérations n'ont augmenté que de 0,2 % par an. C'est donc sur ce poste qu'il faut agir pour réduire la dépense publique.

---

10. OECD, *Insights from the Social Expenditure database*, novembre 2014.

L'organisation de l'administration peut être revue sur le modèle suédois des agences. L'administration est divisée en une dizaine de ministères dont dépendent quelques centaines d'agences en charge de la réalisation d'une politique publique spécifique. La spécialisation permet d'éviter les mastodontes trop difficiles à manœuvrer et qui ne peuvent évoluer. Les ministères sont très réduits et ne s'impliquent pas dans la gestion mais seulement dans le pilotage politique des agences. Après discussion, chaque agence se voit fixer une lettre de mission avec des objectifs, des moyens et des indicateurs. Celle-ci est approuvée dans le cadre de la loi de finances à travers un budget pluriannuel pour éviter une instabilité handicapante dans la gestion quotidienne. La comptabilité publique est abandonnée au profit d'une comptabilité d'entreprise, avec un compte de résultat et un bilan, et le dépassement des budgets est exceptionnellement autorisé avec un emprunt forcé auprès du gouvernement. Le contrôle et l'audit sont réalisés par un organisme indépendant avec un avis sur les sanctions. Avant de transformer toutes les directions en agences, il pourrait être utile dans le cas français de procéder à une réorganisation des directions des administrations centrales, en fusionnant là où cela est possible. Dans un tel schéma, le ministre n'aurait plus besoin que d'un cabinet réduit avec un directeur de cabinet, une plume, voire un conseiller politique expérimenté. Il animerait un comité exécutif composé des directeurs d'agences, ainsi responsabilisés.

Une organisation n'est rien sans les hommes et femmes qui la composent. Ceux-ci doivent être mis dans les meilleures conditions de réussite. Le statut de la fonction publique qui répondait à cet impératif il y a soixante ans ne fonctionne plus aujourd'hui. Les fonctionnaires sont très majoritairement compétents et souhaitent remplir la mission qui leur a été confiée du mieux possible. Pour autant les règles qui pèsent sur la gestion des ressources humaines ne le permettent pas toujours. L'avancement à l'ancienneté et l'absence de vrais leviers managériaux sont profondément démotivants. Les agents de la fonction publique ont une durée de travail inférieure d'environ 10 % à celle du privé en raison d'un nombre important de jours de congés, de dérogation à la durée légale du travail et d'un absentéisme plus conséquent. Repenser la gestion des ressources humaines permettrait de remettre la motivation individuelle au centre en désignant des responsables, en sanctionnant les fautes et en récompensant les efforts. Il n'y a pas meilleure illustration de cela que le test grandeur nature offert par l'instauration du jour de carence. Introduit en 2012, il avait permis de réduire le nombre de jours d'absence alors que sa suppression en 2014 a coïncidé avec une forte reprise de cet indicateur. Dans la ville de Florensac, une prime de présentéisme de 50 euros a permis de diviser le taux d'absentéisme par cinq. Dans le système d'agence, la responsabilité est assumée par un directeur général nommé pour un mandat non renouvelable, d'une durée supérieure au mandat politique et révocable en cas de faute. Il bénéficie d'une rémunération compétitive. L'avancement et l'intéressement aux résultats se font au mérite selon une évaluation hiérarchique. Les conditions de rémunération, de durée du travail, sont négociées de manière décentralisée au niveau des agences pour répondre aux mieux aux besoins. En Suède, 90 % des salariés des agences ont ainsi une rémunération individualisée liée à la performance. La règle de l'emploi à vie devrait être remise en cause pour les nouveaux entrants car elle ne se justifie pas dans un modèle où l'État doit faire évoluer son champ d'intervention – et les compétences associées – rapidement en fonction de facteurs sociaux, économiques et technologiques. Enfin, la baisse du nombre de fonctionnaires est encore la meilleure façon d'assurer concrètement la simplification normative.

5. Monter en compétences pour monter en gamme

Du niveau de qualification des travailleurs dépend leur productivité et donc la capacité d'une économie à créer de la richesse. Les résultats médiocres de la formation initiale et de la formation continue en France ont déjà été détaillés. La dépense publique en faveur de la politique d'éducation peut paraître massive mais elle est proche de l'effort réalisé par les principaux pays de l'Union européenne. Il ne s'agit donc pas de réduire celle-ci mais d'en augmenter l'efficience. Le pilier d'efficience des services publics, avec une véritable évaluation et une promotion au mérite des enseignants, permettrait de répondre à ce problème. Des problématiques plus spécifiques existent, comme le volume élevé des fonctions support qui ne sont pas chargées d'enseigner ou la déconnexion entre les enseignants sur le terrain et les directeurs chargés d'impulser une politique très centralisée.

L'idée forte est sans doute d'insister de nouveau sur l'apprentissage de savoirs fondamentaux, lire, écrire, compter, dont la non-maîtrise est responsable d'une exclusion rapide du marché du travail. La bonne maîtrise d'une seule langue étrangère, en l'occurrence l'anglais, vaut mieux que la dispersion non qualitative sur deux ou trois langues. L'orientation vers les filières techniques et professionnelles doit continuer à être améliorée avec un effort particulier sur l'apprentissage. L'Institut Montaigne[11] a dégagé ce que seraient les axes d'une politique d'apprentissage offensive, parmi lesquels des réglages institutionnels permettant de confier cette mission à un chef de file unique, la fusion de dispositifs d'aides fragmentés et le développement d'une filière de préapprentissage au

---

11. Martinot Bertrand, *L'apprentissage, un vaccin contre le chômage des jeunes*, Paris, Institut Montaigne, 2015.

sein du collège à partir de 14 ans. Il est impossible de ne pas souscrire à ces propositions, en ajoutant un élargissement de la possibilité de créer sa propre école. Le succès de l'école 42 de Xavier Niel est révélateur de l'utilité d'une telle mesure. Concernant la formation continue, l'enjeu est immense tant la montée en compétence de la main-d'œuvre est urgente. Le maintien du statut de salarié assuré par le remplacement des revenus a pris le pas sur l'aide au changement. Ne voir que la flexibilité dans la flexisécurité scandinave c'est oublier l'essentiel. La France fait un effort majeur en faveur de la formation professionnelle, partagé entre les administrations publiques et les entreprises, supérieur à ce que font ses partenaires, pour des résultats médiocres. La remise à plat de cette politique publique semble nécessaire selon un principe directeur simple, assurer la formation de ceux qui ne sont pas dans l'emploi. Tout chômeur aurait ainsi droit à une formation qualifiante et obligatoirement certifiée.

6. Favoriser la mobilité professionnelle pour favoriser la mobilité ascensionnelle

En France, de nombreux marchés de biens et services ne sont pas suffisamment ouverts et trop réglementés. Deux d'entre eux constituent les principaux freins à la mobilité professionnelle et donc à la création d'emplois.

La France souffre d'un marché immobilier peu dynamique du fait de contraintes fortes sur la production et la location de logements, qu'elles soient le plafonnement des loyers, un droit trop favorable au locataire ou une multiplication de normes ensuite atténuées par des aides fiscales qui faussent la bonne allocation de l'offre et de la demande. Avec 1,4 % du PIB investis dans la politique publique du logement, la France est sur le podium européen, loin du Royaume-Uni (0,8 %), l'Italie (0,7 %) ou l'Allemagne (0,4 %). Le problème du logement en France est éminemment concentré sur la région parisienne et, dans une moindre mesure, sur quelques capitales régionales. Cela s'explique par la forte centralisation du pays et la concentration d'un certain nombre d'opportunités d'emplois en Île-de-France. Plusieurs mesures permettant de ranimer la mobilité du marché sont envisageables : mettre fin aux dispositifs d'encadrement des loyers et faciliter l'expulsion des locataires mauvais payeurs, resserrer les conditions d'attribution de logements sociaux et réévaluer la situation des bénéficiaires actuels, supprimer le bénéfice des aides personnelles au logement qui poussent à l'inflation des prix de location, faciliter la vente de logements HLM aux occupants en augmentant la garantie de l'État. Le logement est un très puissant frein à la mobilité. Aujourd'hui 55 % des chômeurs ne veulent pas changer de région pour trouver un emploi, les raisons sont autant culturelles que liées à la question de l'immobilier. Un travailleur peut être réticent à quitter un HLM n'étant pas sûr d'en retrouver un autre dans sa région de destination. S'il est propriétaire, les frais de transaction, proches de 10 % en France, constituent une perte nette de nature à rendre peu intéressante la mobilité. L'exonération de droits de mutation les ventes immobilières jusqu'à un certain seuil semble pertinente. Enfin, pour redonner un coup de fouet à la construction, notamment en région parisienne, les pouvoirs d'urbanisme en Île-de-France doivent être confiés à un organisme non politique en charge de la densification de l'habitat. La question des normes doit également être traitée, Guillaume Poitrinal ayant montré [12] le coût du temps perdu en France entre une prise de décision et sa concrétisation sous forme de logements, de centre commercial ou de nouveau quartier, du fait de la lourdeur de l'administration, la multiplication des niveaux de décision et des parties prenantes, la lenteur

---

12. POITRINAL Guillaume, *Plus vite ! La France malade de son temps*, Paris, Grasset, 2012.

de la justice qui doit traiter d'un nombre croissant de recours. Un moratoire sur toute nouvelle norme en matière de construction et mener une simplification du Code de la construction et de l'habitation est au minimum indispensable.

Une logique similaire de libéralisation du permis de conduire paraît indispensable. Un exercice de révision majeur[13] de cet examen est nécessaire pour mettre fin à ce qui constitue l'un des freins majeurs pour trouver ou retrouver un travail comme l'avait fait remarquer le ministre de l'Économie, Emmanuel Macron, dans le cas des employées licenciés de l'abattoir Gad. En France, son coût est trop élevé et son délai de passage trop long. Aux États-Unis, le permis dépend des réglementations de chaque État. En Californie, pour le code, deux livres d'information sont remis gratuitement. L'examen de vingt questions à choix multiples qui requiert quinze bonnes réponses se passe contre une quinzaine d'euros. L'épreuve de conduite coûte elle aussi une quinzaine d'euros. Il est possible de passer l'épreuve à bord de votre propre voiture et aucune heure de conduite minimum n'est requise. Un modèle très éloigné de la France où les auto-écoles opèrent dans un secteur réglementé, d'où une augmentation des conducteurs sans permis et un engorgement des tribunaux. La récente proposition du ministère de la Justice de dépénaliser la conduite sans permis n'est qu'un palliatif supplémentaire de gouvernements aveugles au vrai problème, au même titre que la conduite accompagnée, les bourses ou aides diverses.

Ces six axes stratégiques ne sont sûrement pas suffisants, sans doute pas tous réalisables en même temps, mais ils sont des solutions de bon sens, appuyées sur un diagnostic précis, et qui concourent à un seul et même objectif, relancer la création d'emplois en France pour

---

13. Koenig Gaspard, *Leçons de conduite*, Paris, Grasset, 2011.

viser le quasi-plein-emploi. Dans un environnement économique où la psychologie joue un rôle prédominant, ils doivent s'appuyer sur une communication volontariste témoignant du désir de changement et de la capacité à réaliser effectivement le changement.

Il serait facile de bâtir un programme uniquement autour du numérique, sorte de panacée à tous les problèmes du pays mais cela ne serait pas crédible. Sans en faire un axe stratégique à part entière, il faut envisager une politique du numérique qui viendra en soutien de la stratégie présentée dans tous les axes. C'est à cette condition-là que la France pourra prendre le wagon de la croissance 3.0, tirée par l'innovation technologique ou de service et l'entrepreneuriat. Celle-ci permettra à la fois de créer de nouveaux champions industriels nationaux ou européens mais aussi de permettre à ceux existants de se réinventer ou de poursuivre leur croissance. Afin d'éviter les segmentations stigmatisantes entre les types d'entreprises, il faut lutter contre toutes les politiques de seuils ou de niches inadaptées à l'économie numérique faite de croissance exponentielle. La bonne politique n'est ni de favoriser les petites entreprises[14], ni d'aider spécifiquement les grandes, ni d'accélérer les nouvelles, ni de protéger les anciennes mais de rendre l'environnement économique général le plus favorable possible. L'interventionnisme de l'État dans la sphère économique doit être considérablement réduit car il n'est plus compatible avec la révolution technologique en cours. Ainsi dans une société numérique, pour attirer la valeur ajoutée, les politiques d'exemption de charges uniquement ciblées en direction des bas salaires devront être réinterrogées.

---

14. Comme le faisait récemment remarquer Stéphane Soumier, 97 % des exportations, 85 % des investissements, 65 % de la valeur ajoutée, 55 % de l'emploi du secteur privé reposent sur seulement 24 000 entreprises.

5

LE PLAN D'ACTION,
CŒUR DE LA RÉUSSITE

*Il n'y a rien dont l'exécution est plus
difficile, la réussite plus douteuse ou le
maniement plus dangereux que l'instauration d'un nouvel ordre des choses.*

MACHIAVEL, *Le Miroir du Prince*, 1545.

L'obtention du mandat pour réformer lors de l'élection
n'est pas l'aboutissement du projet, pas plus que l'approbation des actionnaires n'achève le plan stratégique du
nouveau dirigeant. Ceux-ci ne deviennent complets qu'avec
le plan d'action ou plan d'exécution. Commun dans le
monde de l'entreprise, le plan d'action est l'élément le
plus inhabituel du projet politique. Les épisodes réussis de
transformation d'entreprise s'appuient largement sur celui-
ci. Une bonne exécution révèle la stratégie : c'est l'action

de Carlos Tavares qui est saluée quand les observateurs estiment qu'il a quatre années d'avance sur son plan de redressement et parvient à surperformer les évolutions de son marché. Il s'agit de définir l'ensemble des tâches nécessaires pour atteindre chaque objectif, en décomposant les axes stratégiques en sous-objectifs inscrits dans un calendrier global, en leur donnant des moyens matériels et humains, en identifiant les obstacles et en réalisant un suivi dans le temps. Il s'agit de tout ce qu'il faut mettre en place pour démarrer dès le premier jour puis accélérer et maintenir l'effort dans la durée. Pour ne pas perdre de temps dans l'exécution, le plan d'action doit être préparé en amont. C'est ce travail de préparation que D. Cameron avait confié à une équipe en charge de l'économie, dirigée par le futur ministre des Finances, à une autre en charge des politiques publiques.

La minutie de la préparation, ce que les professionnels anglo-saxons nomment *attention to details* en faisant une qualité professionnelle recherchée, ne permet pas de gagner une élection. L'élection se gagne sur un projet capable de mobiliser les électeurs mais la précision du programme apporte la crédibilité nécessaire sur la capacité à agir concrètement.

C'est dans cette phase d'exécution que la France semble pêcher le plus. D'après le rapport *Sustainability Governance Indicators* du *think-tank* allemand Bertelsmann Stiftung, mesurant la qualité de la gouvernance de différents pays développés, la France se classe au 28e rang des pays développés en terme de capacité d'exécution, entre l'Italie et la Turquie. Or c'est sur l'exécution que reposent non seulement la stratégie mais aussi, tout bonnement, la survie de l'entreprise. De Bull à Vivendi, d'Alcatel-Lucent à Areva, les exemples sont hélas trop nombreux de grands projets industriels et entrepreneuriaux qui ont échoué sur des erreurs d'exécution, avec leurs cortèges de restructurations et de faillites.

À l'inverse des phases précédentes, le plan d'action ne nécessite pas une communication grand public. Ne pas communiquer dessus évite de donner des indications précises à d'éventuels contestataires. La communication ne disparaît pas pendant la phase d'exécution mais elle se poursuit sur la vision et la stratégie, pas sur le plan lui-même. Le plan d'action permet par contre de crédibiliser son projet auprès de ses partenaires européens ou de ses créanciers. Chez Alcatel-Lucent, des dizaines de réunions, entièrement consacrées au projet d'entreprise, avaient lieu chaque mois avec les principales parties prenantes (pouvoirs publics, organisations syndicales, clients, partenaires et investisseurs).

Décliner opérationnellement la stratégie

Les grands principes stratégiques élaborés à la suite de la vision doivent être déclinés en sous-objectifs. Un arbitrage politique aussi précis soit-il peut être retranscrit de diverses manières avec des conséquences différentes. Ainsi une volonté de favoriser l'arbitrage en faveur du travail par rapport à l'inactivité peut se traduire autant par une baisse des allocations sociales, une fiscalisation de celles-ci, une augmentation de la rémunération du travail ou encore un discours plus symbolique pour inciter au retour à l'emploi. Une connaissance fine des différents canaux de transmission de la fiscalité ou de la redistribution est essentielle. Ce travail s'inscrit dans un cadre transversal, les différents effets pouvant se cumuler ou se neutraliser. La rédaction du plan d'exécution se concentre sur le choix des outils et les objectifs associés puis sur la traduction opérationnelle de ceux-ci.

Sur la forme, dans l'entreprise, la traduction du plan stratégique passe essentiellement par la fixation d'objectifs collectifs puis individuels qui entraînent le comportement des individus. Dans le cadre de l'État, la traduction opérationnelle de la stratégie s'inscrit dans la loi. C'est la différence majeure avec le monde de l'entreprise : seul l'exercice législatif est de nature à concrétiser le changement. L'écriture des projets de loi peut totalement dénaturer l'esprit d'un projet. La défiance des responsables politiques envers la procédure d'écriture de la loi est croissante, celle-ci étant perçue comme longue et complexe. Elle est même critiquée pour être devenue un frein à l'exécution des programmes. Si, entre 2008 et 2014, la durée de la procédure parlementaire s'est réduite de près de 10 %, encore cinq mois s'écoulent entre le dépôt d'un texte au Parlement et son adoption.

Pourtant ses défauts proviennent de trois erreurs des responsables politiques, en amont lors de la phase de rédaction de la stratégie : l'absence de mandat clair, le manque de préparation et la non-sélectivité des axes de travail.

La Constitution et la pratique de la Vᵉ République ont dessiné un pouvoir législatif qui soutient un pouvoir exécutif fort. Ce couple très fonctionnel en apparence est durablement affecté quand l'exécutif propose des mesures non explicitées lors de son élection. Il suscite alors une opposition à l'intérieur même de son camp, allant jusqu'à mettre en danger sa majorité. Des moyens de contournement ont été prévus comme le recours de l'article 49 alinéa 3 de la Constitution permettant d'engager la responsabilité du gouvernement sur l'adoption d'un texte. Mais ils sont de plus en plus vécus comme antidémocratiques. Michel Rocard, Premier ministre socialiste, dont la majorité était fragile, avait pu l'utiliser vingt-huit fois en trois ans alors que Manuel Valls a été fortement critiqué pour y avoir eu recours sur la loi Macron. La réforme constitutionnelle de 2009 en a d'ailleurs réduit l'usage passant d'un nombre illimité à une occasion par session. Au surplus, cet outil n'est pas gage de réussite des réformes. Dominique de Villepin y eut recours en 2006 à propos du mort-né contrat première embauche. Au final, l'usage de ce pis-aller consomme du crédit politique et offre une tribune aux opposants, tout en effritant encore un peu plus la cohésion de la majorité politique.

Le référendum, régulièrement évoqué comme un outil permettant de faire évoluer certains domaines particulièrement difficiles à réformer, n'est lui aussi qu'un palliatif à l'absence de mandat clair. L'article 11 de la Constitution est large car il permet de porter au vote des Français un projet d'organisation des pouvoirs publics ou de politique économique, sociale ou environnementale. Cette consultation est toujours risquée car elle menace d'être parasitée par des considérations politiques d'insatisfaction vis-à-vis de la politique menée. Le référendum se limite donc à un début de mandat et sur des sujets sur lesquels les parlementaires se révéleraient plus conservateurs que les Français eux-mêmes, comme on pourrait le supposer sur des réformes touchant directement à leurs intérêts tels que la réduction du nombre d'élus. Mais au final, ces réformes ont peu d'importance dans les chantiers à mener en priorité.

L'absence de préparation conduit à légiférer dans l'urgence. Un moyen de passer outre le temps de la discussion législative est le recours aux ordonnances. Les gouvernements peuvent demander l'autorisation de prendre eux-mêmes des mesures qui relèveraient en temps normal du domaine de la loi. Les ordonnances entrent en vigueur dès leur publication, permettant de gagner un temps précieux. Les gouvernements ont souvent eu recours à la procédure des ordonnances pour des réformes très délicates, comme la réforme de la Sécurité sociale française menée par Alain Juppé au début de l'année 1996. Néanmoins leur champ doit être ciblé, les gouvernements doivent justifier quelle est la finalité des mesures. En outre, la pérennité de l'effet des ordonnances est conditionnée à leur ratification ultérieure par le Parlement. Enfin, elles risquent de complexifier l'état du droit car, prises dans l'urgence, elles ne réalisent pas un travail de toilettage des textes anciens aussi méthodique que la procédure normale. Le bon usage des ordonnances implique donc de les préparer avant l'élection pour des réformes très ciblées et qui auront été soumises au vote des Français.

Enfin, la lenteur de la procédure législative est du fait des gouvernements. Au lieu de choisir leurs combats matérialisés par des axes clairs, la tentation des gouvernements est de légiférer en permanence pour donner l'impression d'agir. La 85ᵉ session extraordinaire du Parlement achevée en juillet 2015 a ainsi vu les élus examiner en seulement trois semaines plus d'une quinzaine de textes parmi lesquels réforme territoriale, droit des étrangers en France, dialogue social. Au total, quatre-vingts textes de loi ont été définitivement adoptés lors de la dernière session parlementaire dont soixante-huit à l'initiative du gouvernement[1]. Les textes eux-mêmes se complexifient. Ainsi, la loi Macron a battu le record du nombre d'articles, 300, et celui du nombre d'heures de débat parlementaire, 412. Des lois succèdent

---

1. 29 projets de lois à l'initiative directe du gouvernement, 39 conventions internationales que le gouvernement a signées, 6 propositions de loi du Sénat, 6 propositions de loi de l'Assemblée.

à d'autres lois avant même qu'elles ne soient rentrées en vigueur, c'est le cas récemment de la réforme Pinel sur les statuts de micro et autoentrepreneurs dont l'application au 1er janvier 2016 sera remise en cause par la loi Nouvelles opportunités économiques ou encore l'amendement Ayrault introduisant une baisse de la CSG sur les bas salaires en remplacement de la prime d'activité décidée plus tôt dans l'année et pas encore achevée. L'argument de la longueur de la procédure n'est pas nul mais il provient surtout de cet encombrement.

Relever le défi de l'évaluation ex ante

La non-sélectivité de la stratégie ou du programme pourrait pourtant être corrigée, lors de la phase d'exécution, par un effort de priorisation. Effort, qui peut être facilité par des études d'impact, pratique courante dans l'entreprise. Concernant l'État, l'indice *Sustainability Governance Indicators* de Bertelsmann Stiftung estime que les études d'impact françaises sont plutôt mauvaises, les créditant d'un score de 3,5 sur 10. Elles ne seraient pas systématiques, trop généralistes, peu ouvertes à la comparaison internationale et ne permettraient pas de prendre en compte l'avis des parties prenantes.

L'évaluation *ex ante* des politiques publiques consiste à soumettre toute nouvelle politique à une analyse coût-bénéfice rigoureuse, voire à les tester, dans un premier temps, sur des groupes restreints. Obligatoires depuis 2009 pour les projets de loi et 2010 pour les projets de textes réglementaires, les études d'impact doivent *a minima* quantifier les dépenses et économies engendrées par la future loi du point de vue des pouvoirs publics et des contribuables. Le problème c'est qu'elles sont réalisées par les promoteurs même de la loi, créant un déficit de partialité et expliquant la qualité médiocre des évaluations. Le conseil de la simplification a proposé qu'une instance indépendante du gouvernement, accueillant des personnalités extérieures à l'administration, notamment du monde de l'entreprise, apprécie la qualité de ces évaluations *ex ante*, à la lumière de ce qui existe dans plusieurs grands pays européens comme le Royaume-Uni (*Business Advisory Group*), l'Allemagne, les Pays-Bas ou aux États-Unis (*Council on Jobs and Competitiveness*). Cet organe d'évaluation de l'impact des mesures remettrait son avis en même temps que celui du Conseil d'État qui veille à la conformité du texte par rapport aux autres règles de droit. Avec une composition de professionnels plus au fait des réalités du terrain, il éviterait que des règles trop contraignantes puissent être réellement appliquées sur le terrain, comme le compte pénibilité. Plus largement, des études d'impact indépendantes permettraient de mettre en lumière un impact marginal, voire contre-productif, et soit de l'abandonner, soit de la retravailler suffisamment en amont.

Pour limiter la surabondance des textes, d'autres filtres peuvent être instaurés, comme l'obligation de trouver des mesures de simplification. Appliquer concrètement le moratoire de la réglementation instauré par la circulaire du Premier ministre du 17 juillet 2013, exigeant qu'un projet de texte réglementaire de nature à créer des charges nouvelles pour les particuliers ou les entreprises soit obligatoirement accompagné d'une mesure de simplification, serait déjà un premier pas.

Passer les risques d'exécution postdéclinaison

Passée la procédure législative, une préparation défaillante ou une absence de mandat clair peuvent encore faire dérailler l'exécution de la stratégie.

La loi peut subir une invalidation constitutionnelle. Depuis plusieurs années, le Conseil constitutionnel est en effet devenu un acteur essentiel du processus de transformation impulsé par le politique, les sages censurant un nombre croissant de décisions. Ce phénomène a été accéléré par la question prioritaire de constitutionnalité qui permet à un particulier ou une entreprise de faire remonter son problème, élargissant la saisine au-delà des soixante députés ou sénateurs. Les décisions des sages peuvent avoir des conséquences importantes sur les ressources financières de l'État. Ainsi, en septembre 2014, sollicité par le fabricant Red Bull, le Conseil constitutionnel a jugé contraire à la Constitution une taxe sur les boissons énergisantes au motif qu'elle ne s'appliquerait pas à toutes les boissons comportant le même taux de caféine, violant ainsi le principe d'égalité devant l'impôt. Le gouvernement espérait recueillir 600 millions d'euros par an grâce à cette taxe. Elles peuvent aussi empêcher la réalisation d'objectifs stratégiques, sur lesquels le gouvernement s'était pourtant engagé lors de la campagne électorale, en raison d'un manque d'analyse des contraintes juridiques. Le bonus-malus énergétique qui consistait à payer plus cher l'électricité ou le gaz en fonction de sa consommation a été censuré, tout comme la loi Florange permettant de pénaliser des entreprises fermant un site rentable, ou la taxe à 75 % sur la tranche des revenus supérieurs à un million d'euros. On peut observer que le Conseil Constitutionnel sanctionne les dispositifs qui segmentent, catégorisent, introduisent des régimes spéciaux, l'égalité de traitement étant un principe fondamental de la Constitution. Au total, sur les 47 lois et règlements sur lesquels le Conseil constitutionnel a été saisi depuis le printemps 2012, seul un tiers a été jugé totalement conforme. Sous la législature précédente, cinquante-sept textes ont été retoqués contre quarante-deux jugés conformes[2]. Le Conseil constitutionnel est devenu bouc émissaire facile pour les politiques. Avec une pointe de cynisme, ceux-ci donnent parfois l'impression de servir sur un plateau des motifs de censure aux sages pour se sortir d'un mandat irréaliste, fait de promesses démagogues.

Les juges civils et administratifs sont également des parties prenantes essentielles du processus de réforme. L'exemple le plus documenté est celui du contrat nouvelle embauche lancé en août 2005. Alors que 440 000 de ces contrats avaient été signés en huit mois, en février 2006, en se fondant sur la Convention n° 158 de l'Organisation internationale du travail, le conseil des prud'hommes de Longjumeau considère que l'ordonnance instituant le CNE est non valable et ordonne la requalification du CNE en CDI. Il est suivi par plusieurs autres conseils des prud'hommes puis des cours d'appel au motif que ce contrat est une régression. Certains expriment même leurs doutes sur la « pertinence du CNE en matière de lutte contre le chômage », ce qui déclenche, à l'époque, des accusations de jugement économique et non juridique.

---

2. Cette situation ne se retrouve pas qu'en France puisque le Conseil constitutionnel italien a invalidé le gel des traitements des 3,5 millions de fonctionnaires et la désindexation sur l'inflation des retraites supérieures à 1 500 euros par mois pour les années 2012 et 2013. Cette décision représente un surcoût potentiel de 16 à 18 milliards d'euros sur quatre ans pour les finances publiques italiennes !

Sous pression, le Parlement abroge le texte en question en juin 2008, requalifiant automatiquement tous les CNE en CDI même lorsqu'ils n'étaient pas contestés en justice. Plus récemment, la chambre sociale de la Cour de cassation a été critiquée pour ses tentatives de réguler le forfait cadres, dispositif introduit lors du passage aux 35 heures et qui couvre aujourd'hui 47 % des cadres français. Depuis deux ans, dix conventions collectives de branche sur les douze ayant donné lieu à des contentieux ont été censurées par les juges. Ce pouvoir des juges, empiétement sur les missions du législateur diront certains, est le fruit de l'absence de clarté du mandat et de l'absence de préparation. Affirmer dès l'élection sa volonté de réformer rend moins évidentes les tentations de jugement en opportunité. Anticiper les conflits de normes[3] rend moins fréquents les jugements en légalité faisant primer la norme supérieure.

Enfin, la Constitution restant la norme de droit suprême, il serait aussi possible d'y introduire des dispositions pour leur donner une force absolue mais ce procédé est long et revient à détourner la Constitution de son objet premier. Cette arme de législation massive ne saurait se substituer à une bonne exécution.

---

3. Pour y répondre, il est nécessaire de bien connaître la hiérarchie des normes. Il est ainsi possible de dénoncer les traités facultatifs, par exemple de l'OIT dont la France est la plus grande signataire au monde, qui constituent autant de bases légales qui pourraient servir à remettre en cause des textes de lois en dénonçant la convention n° 158 de l'OIT ce qui ne peut se faire que pendant un an tous les dix ans à partir de la date d'entrée en vigueur, soit du 24 novembre 2015 au 23 novembre 2016.

Gérer le temps et le crédit accordé

Le calendrier c'est la gestion du crédit accordé lors de l'élection ou de la nomination. Trop de réformes au même moment et c'est l'embouteillage qui conduit à la confusion dans l'esprit des parties prenantes, les contestations qui s'agglomèrent et se renforcent ; trop peu de réformes et c'est l'impression d'inaction qui prévaut, des résultats qui se font attendre et la dissonance avec les promesses qui s'installent. Un projet sans calendrier ce n'est pas une réforme mais une incantation, une vaine prière.

Que ce soit avec une projection budgétaire pour l'année en cours ou avec la loi de finance votée à l'automne passé, tout dirigeant, chef d'entreprise ou élu politique, part au combat avec l'armée dont il hérite de son prédécesseur. L'exercice débute immanquablement par un réajustement à travers une loi de finance rectificative au niveau de l'État et côté entreprise, parfois par un avertissement sur résultats, comme chez Areva en février quelques semaines après l'arrivée de Philippe Knoche et Philippe Varin. Parfois, pour être en cohérence avec sa stratégie, il faut revenir sur des engagements importants pris par ses prédécesseurs. En février 2012, le président de la République N. Sarkozy avait fait voter une hausse de la TVA à partir du 1er octobre afin de financer une baisse de 13 milliards d'euros de cotisations patronales. Alors en campagne pour l'Élysée, François Hollande, avait jugé cette hausse « inopportune, injuste, infondée et improvisée ». Au final, il l'abrogera dans le budget rectificatif de juin 2012. Cette étape de révision peut devenir très consommatrice de temps et d'énergie pour des résultats limités. En l'occurrence, dès octobre 2012, le gouvernement Ayrault a eu, lui aussi, recours à une hausse de la TVA pour financer la baisse des charges des entreprises. Il doit y avoir une césure après l'élection : la critique du bilan du responsable précédent a déjà été faite pendant la campagne. Le but n'est pas de faire le négatif de son prédécesseur.

La question de la rapidité d'exécution est au centre de tous les discours sur la méthode politique. L'après-élection se traduirait par un état de grâce, conjugué à une période propice à la réforme eu égard à la moindre capacité de mobilisation des opposants. C'est la période des cent jours[4]. L'étude des exemples européens de réformes réussies montre l'importance d'agir vite parce que le capital politique issu de l'élection s'épuise rapidement. Les rangs des mécontents grossissent, et aux opposants idéologiques au gouvernement risquent de venir s'ajouter les perdants matériels des réformes. Le niveau d'opinions favorables à l'égard des gouvernements, après quelques mois de maintien à un haut niveau, suit une forte pente descendante. Mario Monti, qui recueille plus de 80 % d'opinions favorables brutes[5] lorsqu'il arrive au pouvoir en novembre 2011, n'en recueille plus que 33 % huit mois plus tard. David Cameron passe de 33 % d'opinions positives nettes en mai 2010 à − 10 % un an plus tard. Le président Obama passe de 63 % à 48 % d'opinions positives en seulement neuf mois alors même qu'il fait voter un stimulus budgétaire jamais vu depuis les années 1930. On notera que ce phénomène ne se vérifie pas dans l'entreprise : la réputation du dirigeant se régénère

---

4. GERRETSEN Marc, DEGONZAGUE Philippe, ACHARIAN Laurent, *Les Cents Jours des dirigeants. Comment prendre un bon départ*, Paris, Manitoba-Les Belles Lettres, 2011.

5. Les opinions *brutes* sont les opinions favorables uniquement, les opinions *nettes* sont la soustraction entre opinions favorables et défavorables.

et peut se maintenir à haut niveau. Ceci peut s'expliquer par le fait que les résultats arrivent plus rapidement dans l'entreprise. Notons que Jacques Attali a prévu de verser au débat, pour le premier trimestre 2016, un programme ambitieux et transpartisan, construit avec plus de 200 experts et centré sur les 100 premiers jours.

L'urgence à agir peut aussi résulter de la pression de parties prenantes autres que les électeurs, notamment les créanciers et les évaluateurs que sont les agences de notation. Celles-ci ne dégradent pas les notes de crédits souverains pendant les campagnes électorales pour assurer une neutralité de la votation, mais, en reportant la baisse de la notation après l'élection, elles accroissent la pression sur les gouvernements nouvellement élus, comme l'ont vécu ceux de M. Rajoy en Espagne et de M. Monti en Italie. L'Institut de l'entreprise a recensé les actions menées par différents dirigeants européens lors de leurs cent premiers jours démontrant un activisme partagé. M. Monti a mené un plan de rigueur, une loi de libéralisation, un programme de simplification administrative, une réforme institutionnelle pour avoir plus de latitude dans la gouvernance et annoncé une réforme du marché du travail quand son homologue espagnol a initié deux réformes essentielles en cinquante jours, avec un plan d'apurement du secteur bancaire et une flexibilisation du marché du travail, et touché au symbolique en introduisant une règle d'or d'équilibre budgétaire. Au Royaume-Uni, D. Cameron a adopté un rythme frénétique en présentant, à travers le discours du Trône prononcé par la reine Elizabeth II, 22 projets de lois, deux semaines à peine après son entrée en fonction. Cinq jours plus tard, le gouvernement qui avait fait de la réduction des déficits sa priorité a annoncé des économies de 7 milliards d'euros dont la réduction des salaires de l'exécutif. Trois semaines plus tard, le correctif budgétaire a fixé un montant de dépenses en baisse de 3,4 milliards d'euros, se présentant comme « l'effort d'austérité le plus important depuis la période d'après-guerre » et engagé une revue de l'efficacité des dépenses publiques. Dès juin 2010, deux mois après l'arrivée au pouvoir des conservateurs, le projet de loi sur l'éducation était disponible, ayant été rédigé dans l'opposition, tout comme le livre blanc sur la réforme du système de santé[6].

En amont de l'élection présidentielle de 2012, le candidat Hollande avait confié à Laurent Fabius la tenue d'un calendrier des cent jours. Son travail aboutit à un rapport de 350 pages, intitulé « La mission première année », achevé en novembre 2011 et se voulant la déclinaison opérationnelle du projet du parti socialiste adopté en mai 2011. Laurent Fabius avait proposé trois phases très détaillées, la première avant la fin des élections législatives pendant laquelle le gouvernement serait nommé, l'âge du départ à la retraite abaissé à 60 ans pour les salariés ayant

---

6. À une autre époque, les cent premiers jours de la présidence Roosevelt en 1933 avaient marqué l'opinion publique. Il fait adopter quinze textes de loi, une première dans l'histoire du Congrès américain, dont les premiers avec des effets d'entraînement en s'attaquant à la cause racine du manque de crédit. Le système de crédit est mis en vacance le temps de préparer l'Emergency Banking Act immédiatement votée. Il manie aussi les symboles, en frappant l'imaginaire. Alors que son prédécesseur Hoover avait envoyé l'armée contre les 20 000 anciens combattants qui avaient convergé vers Washington afin d'obtenir le paiement d'une prime dérisoire, Roosevelt envoie son épouse leur distribuer des vivres et promettre le règlement rapide des arriérés. Au final l'humoriste Will Roger, dit que : « Pendant ces cent jours, la totalité de l'Amérique était derrière Roosevelt. Aurait-il décidé de brûler le Capitole que tout le monde aurait applaudi, en se disant qu'au moins il se passait quelque chose après trois ans d'apathie morbide. » Encore une preuve que l'activisme suscite l'adhésion après de longues années d'apathie.

commencé à travailler avant 20 ans, l'allocation de rentrée scolaire augmentée, la rémunération du président et des ministres baissée et les taxes sur l'essence bloquées pour trois mois. Le mois suivant devait voir une loi de finances rectificative, une loi de financement de la Sécurité sociale rectificative, un programme pour obtenir de Bruxelles un report sur la réduction du déficit public – le rapport alertant déjà sur l'irréalisme des prévisions de croissance retenues par le projet du parti socialiste (2,5 % par an) –, une discussion avec les partenaires européens pour une renégociation du traité de Lisbonne, le lancement du processus de fermeture de la centrale de Fessenheim et, enfin, les travaux préparatoires au prélèvement de l'impôt sur le revenu à la source. Pour finir, à la rentrée étaient prévues des réformes sur l'éducation, la décentralisation, le logement et une discussion d'ensemble entre partenaires sociaux. Un chantier constitutionnel devait s'étaler entre juin 2012 et juin 2013, le droit de vote des étrangers aux élections locales ou la réforme du statut pénal du chef de l'État étant censés être adoptés dès octobre 2012 par référendum. À l'inverse de nos voisins européens, ce calendrier, fait de nombreuses mesures engendrant une augmentation de la dépense publique, n'envoyait pas un signal réformiste susceptible de marquer les esprits.

L'exigence de rapidité dans l'exécution durant les cent premiers jours n'est pas pour autant une invitation à la thérapie de choc. Quand les réformes se succèdent sans lien les unes avec les autres, il est plus difficile d'assurer la mobilisation des acteurs. En conséquence, mener plusieurs réformes majeures de front conduit souvent à prendre un risque dans l'exécution de celles-ci. Ce fut l'une des causes des blocages de 1995. Alors que la réforme de la Sécurité sociale avait été acceptée et bénéficiait d'un large consensus, elle a été parasitée par une réforme parallèle de la SNCF et des régimes spéciaux. Le caractère technique de celle-ci puis le mouvement social engagé par les cheminots en a rendu plus difficile l'adoption[7].

Le plan de réformes doit être échelonné et séquencé sur le fond et sur la forme. Sur le fond, d'un point de vue économique, la réforme du marché du travail ou la réduction de la dépense publique peuvent avoir des effets récessifs transitoires. L'OCDE a montré que la réduction des obstacles aux échanges et à la concurrence sur les marchés de biens et services potentiellement concurrentiels peut compléter ces réformes, le surcroît d'activité généré offrant un amortisseur. Par ailleurs, la pression extérieure peut parfois être telle qu'elle force à mener les réformes. Ce fut ainsi le cas pour deux réformes des retraites, en Italie en 1994 et en Pologne en 2003, considérées comme indispensables aux yeux des créanciers internationaux. Dans le cadre de la libéralisation des marchés de biens et services, l'influence internationale est prégnante comme l'a montré la récente libéralisation des liaisons intercités par autocar en France à travers la loi Macron, en mettant en avant l'exemple allemand effectué en 2013.

Sur la forme, quatre types de réformes sont à faire adopter en priorité : celles permettant de faciliter l'adoption des autres ; celles dont la stabilité est génératrice de confiance (fiscalité notamment) ; celles dont les contestataires potentiels sont absents ou n'ont pas de moyens de blocage pendant un temps donné ; celles assurant des victoires symboliques ou matérielles rapides qui réussissent à conforter les gagnants et en faire des avocats du changement. La période réformiste

---

7. GOUIFFES Pierre-François, *Réformes, mission impossible ?*, Paris, La Documentation française (n° 5322), 2010. Cet excellent ouvrage décrit, dans le détail, plusieurs grandes réformes ayant échoué ces trente dernières années.

ouverte pendant l'été 2007 par le gouvernement Fillon sous la présidence de Nicolas Sarkozy obéit d'abord à cette logique en faisant voter d'abord la loi sur le service minimum dans les transports visant à prévenir le blocage des transports publics par un service garanti pour les usagers en cas d'important arrêt de travail. Celle-ci oblige les salariés à se déclarer grévistes 48 heures à l'avance permettant d'ajuster le volume de trains disponibles, d'informer les usagers et d'effectuer certains remplacements[8]. La réduction de la capacité de nuisance des groupes minoritaires opposés à des réformes de fond, comme certains syndicats de cheminots face aux réformes des retraites, permet d'accroître les chances de réussite de celles-ci. Une réforme des régimes spéciaux de retraite suivra d'ailleurs à la rentrée 2007. L'adoption de la réforme de l'autonomie des universités, leur confiant la gestion de leur patrimoine immobilier dont elles deviennent propriétaires, de leur budget et de leurs ressources humaines, pendant l'été, semble également répondre au souhait d'éviter les mouvements de contestation de la part d'organisations syndicales. La loi sur le travail, l'emploi et le pouvoir d'achat TEPA proposant une baisse globale des prélèvements obligatoires par l'exonération des heures supplémentaires de cotisations et d'impôts, la suppression de la plupart des droits de succession, l'instauration d'un bouclier fiscal pour ne pas payer plus de 50 % de ses revenus et un crédit d'impôt sur les intérêts d'emprunts, doit offrir des victoires rapides – même s'il faut noter que cela se fera au prix d'une augmentation du déficit public –. Finalement, la session extraordinaire du Parlement s'achève le 2 août 2007, après l'adoption de quatre engagements phares de

---

8. En janvier 2012, la loi dite Diard élargit ces règles au secteur aérien.

campagne de Nicolas Sarkozy, sur le pouvoir d'achat, les universités, la récidive avec l'inscription de peines planchers et le service minimum.

Dans l'entreprise le séquencement aussi est clé. Le plan Shift d'Alcatel-Lucent comportait deux phases : l'une de dix-huit mois a porté sur la restructuration, la rationalisation des activités et le refinancement, l'autre de même durée a mis l'accent stratégique sur l'innovation, la croissance, la transformation.

Avoir des victoires rapides permet de célébrer la clôture de réformes symboliques et de donner l'impression de mouvement. John Kotter souligne qu'un délai de six à dix mois est un maximum pour afficher de premiers résultats tangibles même s'ils ne sont qu'intermédiaires. Une première réforme réussie laisse envisager l'adoption d'autres réformes et conduit à une modification préalable des comportements des agents économiques, baissant leur résistance possible au changement. Traiter les problèmes les plus faciles peut être un des moyens pour initier cette dynamique de réforme. Le principal effet des réformes faciles est de mettre en lumière les rentes qui subsisteront ensuite et seront vécues comme d'autant plus insupportables. C'est ainsi que les réformes des retraites obéissent à une séquence de facilité, touchant initialement les salariés du secteur privé, puis le régime principal du secteur public et enfin les régimes spéciaux les plus privilégiés. Le même schéma se répète sur le marché du travail où la facilité et la rapidité conduisent souvent à des réformes duales concernant d'abord les travailleurs non intégrés sans toucher à la protection de travailleurs intégrés. Alors qu'une réforme comme l'allocation sociale unique va s'étaler sur plusieurs années pour centraliser les guichets des multiples entités aujourd'hui éclatées, connecter des systèmes informatiques hétérogènes, informer les allocataires du nouveau régime, consommer un crédit politique rare, il est indispensable de trouver des victoires rapides, à présenter à l'opinion publique, ouvrant le chemin à la réforme parfaite et systémique.

Le déploiement dans le temps des effets des réformes n'est pas non plus à négliger. Au niveau d'une organisation, H. Mintzberg[9] assimile le changement incontinent à l'anarchie, en insistant sur le fait qu'un vrai changement prend du temps – il parle de cinq ans –. Chaque inflexion de politique publique doit compter un effet de halo entre le moment où une politique publique est appliquée et le moment où elle produit des effets, c'est-à-dire où elle est intégrée dans les anticipations des agents et a finalement des effets statistiques visibles. Ceci est d'autant plus vrai quand il s'agit de la politique budgétaire, la politique monétaire ayant un impact plus rapide et plus visible, notamment en cas d'expansion monétaire et d'effets richesse.

La rapidité doit se compléter par une certaine agilité, autrement dit être capable de s'adapter à un environnement plus compliqué que prévu. Quand la fenêtre d'opportunité est ouverte, il faut la saisir sans hésiter mais certaines réformes ne peuvent se faire qu'en cas de conjoncture favorable ou d'alignement des astres. Lorsqu'elle arrive au pouvoir en 1979, Margaret Thatcher doit faire face à une forte hostilité politique à l'intérieur de son parti et à une inertie administrative plus grande que prévue. Margaret Thatcher comprend rapidement qu'ouvrir tous les fronts aboutirait à un échec certain. En cristallisant l'opposition de trop d'acteurs à la fois, sans résultats permettant de créer une coalition de bénéficiaires, elle fragiliserait trop

---

9. Henry Mintzberg est un universitaire canadien, professeur de sciences de gestion, auteur prolifique d'ouvrages de management sur l'emploi du temps des cadres dirigeants, l'efficacité managériale, la structure des organisations, le pouvoir, la planification stratégique, etc.

la condition politique de l'exécutif. Une priorité et une seule est alors fixée, la maîtrise de l'inflation, qui restreint les capacités réformistes et oblige à recourir à une hausse de la fiscalité pour résorber le déficit public. Aussi les réformes de 1980 à 1983 marquent des inflexions mais pas de rupture, la loi Prior sur les syndicats est relativement modérée, les entreprises nationalisées comme British Rail et British Steel ont des obligations de rentabilité mais ne sont pas privatisées, les prestations sociales sont maintenues en termes réels, le salaire minimum est conservé. Ce n'est qu'au cours de son deuxième mandat, consolidé après la victoire de la guerre des Malouines, que Margaret Thatcher mettra en place ses réformes les plus radicales.

Mettre en branle les hommes et les femmes

Le plan d'action doit définir par qui le changement sera conduit. C'est une étape compliquée car les outils de ressources humaines, s'ils sont relativement bien maîtrisés dans l'entreprise, restent peu fonctionnels au sein de l'État.

L'organisation nécessite une structure centralisée chargée d'assurer le pilotage transversal du changement. Ceci permet d'assurer l'alignement entre la stratégie et les membres de l'organisation. Alcatel-Lucent a mis en place au début du plan Shift, un Result Delivery Office (RDO), à même d'assurer aux dirigeants de l'entreprise une capacité de pilotage intégrée des différentes composantes du programme. Récemment, la Commission européenne a créé six pôles de coordination qui permettent de simplifier et piloter plus efficacement le déploiement des réformes transverses aux portefeuilles des commissaires.

Cette structure doit être stable dans le temps pour assurer un suivi de qualité et être crédible dans son pilotage.

A contrario, le pilotage de la réforme de l'État en France a été riche en changements. En 2003, sont lancées les stratégies ministérielles de réforme comme indispensable complément de la LOLF. En 2007, la révision générale des politiques publiques (RGPP) est engagée pour améliorer l'efficience des politiques publiques, en réorganisant la division du travail entre l'administration centrale et les services extérieurs de l'État et en lançant une démarche de simplification des procédures administratives. Finalement, en 2012, le Premier ministre Jean-Marc Ayrault remplace la RGPP par la modernisation de l'action publique (MAP).

La cellule de gouvernance doit mettre en branle les hommes et les femmes qui constituent l'organisation. En France, l'administration est de plus en plus pointée du doigt comme l'un des facteurs bloquants des réformes. Sa capacité à enliser les dossiers même lorsqu'ils proviennent de la volonté des plus hauts dirigeants politiques serait le fruit de son inamovibilité et d'une indépendance de plus en plus forte vis-à-vis du pouvoir politique, voire d'une politisation de ses missions. Dans un article annonçant que le président de la République souhaitait simplifier la structure administrative[10], un proche du chef de l'État avouait craindre que « la technostructure aurait à y perdre si on lui enlevait du pouvoir, ou si on instaurait d'autres formes de régulation ». En fait, les responsables politiques ne sont pas tant soumis à une administration à l'autonomie excessive qu'à leur propre incapacité à utiliser correctement les leviers de la performance managériale.

La crainte de dérives du fait de la permanence de l'administration face à la valse des exécutifs politiques

---

10. GUINOCHET Fanny, « François Hollande réfléchit à une loi de simplification de la vie économique », in *L'Opinion*, 22 mars 2015.

avait conduit dans certains pays à la mise en place d'un *spoil system*, qui faisait du parti gagnant l'intermédiaire de recrutement de tous les fonctionnaires. Cette pratique a été abolie en 1883 aux États-Unis. Elle perdure en ce qui concerne la nomination d'un certain nombre de hauts fonctionnaires. Ainsi Barack Obama a nommé plus de 3 500 fonctionnaires après sa réélection en 2012 et ce chiffre a pu grimper jusqu'à 5 000 personnes dans le passé. Trois avantages majeurs se dessinent en faveur d'une telle mesure en France. Ce système tend à assurer un alignement de valeurs et d'intérêts entre la haute fonction publique et les dirigeants démocratiquement élus au-delà de la simple tradition républicaine de neutralité du service public. Il permet en outre de confier l'exécution des réformes à certains de ceux qui ont élaboré la stratégie et préparé son déploiement. Les qualités de préparation et d'exécution peuvent être dissociées mais il est loin d'être inutile de constituer des équipes œuvrant sur les deux volets. Enfin, il assure un renouvellement de la haute fonction publique et son ouverture à des méthodes de management différentes portées par de nouveaux profils. Ceci aurait une réelle valeur ajoutée en terme d'innovation politique et de marge de manœuvre de l'exécutif comme l'ont montré K. Brooks et B. Le Pendeven dans leur note *Diversifier la haute administration*. Le risque inhérent de voir des intérêts particuliers s'imposer à l'intérêt général peut être traité par une validation par le pouvoir législatif.

La pratique existe marginalement en France et les gouvernements ne manquent pas de nommer des personnes acquises à leur cause à certains postes clés. Pour autant elle n'est pas systématique, notamment pour les centaines de directeurs d'administration centrale. En octobre dernier, Nicolas Sarkozy s'est d'ailleurs prononcé devant quelques députés. Les Républicains en faveur d'un *spoil system*. Ce système pourrait au moins être essayé, tout en s'accompagnant d'une plus grande ouverture des cabinets ministériels qui conseillent les ministres à des profils issus du secteur privé. Selon l'Institut de recherches économiques et fiscales, aux États-Unis, 60 % des collaborateurs ministériels et hauts fonctionnaires dépendant du ministère de l'Économie ont une expérience dans le secteur privé et 25 % dans la recherche académique alors que ces ratios sont respectivement de 25 % et 10 % en France. L'idée n'est sûrement pas de remplacer autant de postes que dans la tradition américaine, pour éviter une trop forte perte d'expertise technique. Mais vouloir ne serait-ce que remplacer plusieurs centaines de personnes nécessite en amont un travail très fin d'identification des compétences, d'affectation de postes et de rédaction des lettres de mission.

Chez Alcatel-Lucent, le vivier des 200 cadres supérieurs a été repensé et modifié lors du lancement du plan Shift, un tiers d'entre eux étant remplacé par des nouveaux venus de l'extérieur, un tiers par des cadres internes promus, le dernier tiers étant maintenu mais souvent après avoir changé de poste. Cette reconfiguration en profondeur bouleverse l'organisation à court terme mais permet d'assurer à moyen terme la tenue de la stratégie et du plan d'exécution car elle se fait en fonction de ces deux éléments et les lettres de missions des nouvelles équipes explicitent cet indispensable alignement. Ce travail de rotation ne se substitue pas à une réflexion plus aboutie sur la modernisation des modes de gestion des ressources humaines de la haute fonction publique comme le présentait Augustin de Romanet dans *Sociétal* 2015[11].

---

11. DE ROMANET Augustin, « Les leviers managériaux du changement dans la haute fonction publique », in *Sociétal*, Paris, Eyrolles, 2015.

Concernant les échelons autres que la haute administration, pour s'assurer que la volonté réformiste percole, d'autres moyens doivent être envisagés. Ces fonctionnaires, et notamment le management intermédiaire, seront responsables de l'exécution sur l'ensemble du territoire. Ils doivent être nécessairement embarqués et associés au succès des réformes. Même à l'ère de la désintermédiation managériale, la transformation ne peut se faire sans des acteurs engagés au plus près du terrain. L'alignement passe par la motivation et c'est ce qui manque le plus dans la fonction publique. Pour la réinsuffler, les responsabilités doivent être clairement définies, ceux qui font le moins d'effort sanctionnés et ceux qui font le plus d'efforts récompensés. Quand l'exemplarité est déficiente, la non-qualité est contagieuse. Personne n'a alors plus intérêt à chercher la frontière de l'excellence. Tony Blair, l'ancien Premier Ministre britannique, donne trois enseignements sur son rapport à l'administration. Tout d'abord, il souligne la nécessité de la maîtrise de l'administration et l'importance d'en faire un allié. Ensuite, l'administration doit être réduite en taille pour accroître le niveau de ses rémunérations en intégrant des agents de l'extérieur. Enfin, il met l'accent sur les trois P : la définition des priorités, la mise en place des politiques et la constitution d'outils de mesure de la performance.

À travers trois ouvrages[12], Michel Crozier avait produit un cycle de travaux sur la réforme de la société et de l'État. Il montrait que les organisations bureaucratiques pouvaient conduire les acteurs qui évoluent dans leur champ à la sous-productivité et l'inefficacité à cause de règles et de pratiques

---

12. CROZIER Michel, *La Société bloquée* (1970), *On ne change pas la société par décret* (1979), *État modeste, État moderne* (1987).

déresponsabilisantes. Il est indispensable de rendre aux fonctionnaires l'autonomie nécessaire pour conduire leur mission. Une nouvelle organisation devra ainsi répondre à la fracture, ressentie ou véritable, entre les fonctionnaires du terrain et ceux exerçant les responsabilités dans les ministères, source de démobilisation. Toute cassure entre les décisionnaires et les salariés du terrain est traitée comme un sujet prioritaire dans une entreprise, pourtant elle subsiste dans l'administration, au niveau de l'enseignement par exemple, où les enseignants ne comprennent pas toujours le point de vue des responsables ministériels. C'est à ce besoin que répond la volonté de promotion interne de nouveaux cadres dans une entreprise. La responsabilisation amène à faire confiance, à valoriser la prise de risque et accorder un droit à l'erreur. Dans l'entreprise, elle passe aussi par l'attribution des missions concrètes et transverses de pilotage du changement aux managers plutôt qu'à des consultants externes. La transformation d'Alcatel-Lucent s'est faite en interne, avec un accompagnement minimal. Des équipes transversales et internationales ont déployé les grandes phases du plan d'action, comme par exemple la réinvention de l'organisation commerciale ou la mise en place des marchés de diversification.

Les outils de sanctions et récompenses interviennent après la définition des responsabilités. Dans l'administration, la différenciation par la performance n'est pas inexistante mais très peu utilisée, et elle laisse le champ libre à la promotion discrétionnaire plutôt que méritocratique. Une réforme managériale permettra également de réduire la souffrance au travail dont se plaint un nombre croissant de fonctionnaires, associé à un sentiment d'arbitraire dans les décisions. Chez Alcatel-Lucent, preuve du souci accordé à ce sujet, le comité exécutif consacrait deux journées par an à l'appréciation de chacun des deux cents cadres dirigeants, afin de statuer sur leur évolution dans un futur proche. Au-delà du triangle de la motivation, des outils annexes peuvent aider à aligner les intérêts. La diffusion de la culture de la transformation doit permettre d'en faire un objectif partagé et transverse. La mise en place du plan Shift s'est accompagnée de programmes de formation dédiés, les programmes *Leadershift*, qui ont joué un rôle moteur dans le succès du plan d'action.

Il est aussi possible de réinsuffler de la fierté à des personnes souvent soumises aux critiques. L'idée est alors de remettre l'administration à la pointe de l'excellence, en incorporant de nouveaux talents à travers une structure autonome, à la manière de ce qui est fait avec Etalab chargée de la publication des données de l'administration. Cette tentative d'introduire des comportements nouveaux dans un milieu conservateur existe aussi dans l'entreprise. Elle a été menée chez Alcatel-Lucent en valorisant les exemples d'entrepreneuriat ou en favorisant les *reverse take over*, autrement dit l'intégration de petites équipes issues de *start-ups* rachetées en leur donnant la responsabilité de segments de l'entreprise.

Enfin, au-delà des équipes internes, il est possible de mobiliser des appuis externes pour mettre en place sa stratégie. La France doit pouvoir conclure ou renforcer des accords stratégiques sur le plan commercial et industriel. Cette recherche d'alliance existe dans le secteur privé. Une entreprise n'est pas condamnée à agir seule et peut collaborer avec d'autres acteurs de son écosystème, y compris comme appui pour conduire des phases de transformation importantes. Alcatel-Lucent a pu coopérer, sur des maillons spécifiques de sa chaîne de valeur, avec des partenaires industriels comme Intel, Qualcomm, ou encore HP pour prendre l'avantage dans des domaines d'innovation de pointe. Sur un autre registre, Alcatel s'est également associée de multiples façons avec des *start-ups* pour s'approprier les codes du numériques qui répondent aux aspirations de la Génération Y, et ont contribué à redonner envie de travailler dans l'entreprise, au-delà des apports stratégiques.

La réforme de l'État canadien dans les années 1990 par Jean Chrétien est un modèle d'implication des parties prenantes. Le dirigeant cherche à réunir le soutien le plus large possible au sein de l'administration. Si le gouvernement établit les lignes directrices de la réforme, les administrations sont laissées responsables de la baisse des dépenses. Le contrôle *a posteriori* est strict, mené par une entité administrative, par une instance politique dans laquelle sont impliqués des députés du parti au pouvoir potentiellement frondeurs et enfin par le Conseil des ministres. Concernant la gestion du changement chez les fonctionnaires, le gouvernement a installé une administration dédiée au reclassement et à la reconversion des fonctionnaires dont le poste était supprimé. Une prime de départ équivalente jusqu'à un an de salaire est versée, même si la plupart des 66 000 suppressions de postes sont le fruit du non-remplacement des départs à la retraite. Le levier de la fierté est également utilisé avec succès, le gouvernement poussant à l'informatisation massive des administrations, et étant reconnu comme l'une des e-administrations les plus avancées au début des années 2000.

Gérer la complexité de l'outil informatique

Une des tâches essentielles des équipes de transformation est de préparer le système d'information pour le mettre au service de la stratégie. Cette partie du travail, souvent négligée dans les plans d'exécution, est pourtant devenue capitale. À l'heure de l'exigence toujours plus forte d'e-administration, où un nombre croissant de procédures entre l'administration et les citoyens passent par des échanges électroniques, la fiabilité des systèmes d'information peut faire réussir ou échouer une réforme. En 2013, la réforme principale de l'administration Obama, l'extension de la couverture médicale, a viré au fiasco à cause de l'incapacité à produire le bon site gérant la relation avec les bénéficiaires. Malgré un budget de 720 millions d'euros, les 55 sociétés informatiques travaillant sur le site n'étaient pas en mesure de rendre fonctionnel le portail Internet, lancé le 1er octobre dans le cadre de la réforme de l'assurance santé surnommée Obamacare. À peine 106 000 Américains ont pu s'inscrire en octobre, cinq fois moins qu'attendu.

À mesure qu'ils se densifient et vieillissent, les systèmes d'information deviennent plus complexes à gérer. Ceci a conduit à quelques récents échecs assez retentissants. Le plus célèbre d'entre eux est le logiciel Louvois, système de traitement des 160 000 soldes militaires, victimes de pannes à répétition depuis sa mise en place en 2011 qui auront conduit à 35 millions d'euros de moins-perçu sur les paies des soldats et 117 millions d'euros déboursés pour faire face aux dysfonctionnements. Un autre logiciel devrait même être mis en place d'ici deux ans. Le ministère de la Défense assumera le surcoût d'un redéveloppement et des dédommagements à ses anciens prestataires suite à la rupture de contrat. Aux États-Unis, les départements de la Défense et des Anciens combattants ont dépensé 1,2 milliard d'euros pour une base de données médicales avant d'arrêter le programme faute d'atteinte des objectifs. Sur les dix dernières années, 96 % des programmes informatiques gouvernementaux dépassant dix millions de dollars ont été des échecs soit parce qu'ils n'ont pas respecté le calendrier, le budget ou n'ont pas répondu aux attentes utilisateurs. Le coût financier des erreurs liées aux systèmes d'informations dans les exercices de transformation est de plus en plus élevé. Imaginons l'importance des systèmes informatiques pour un projet aussi ambitieux tel que l'allocation sociale unique avec la nécessité de connecter des bases de données hétérogènes.

Le chantier informatique est d'autant plus important qu'il se trouve au cœur de la transformation numérique de la société. Le numérique, parce qu'il permet de recomposer les rapports de consommation et de production, est une formidable occasion pour repenser le rôle de l'administration au-delà de la simple réduction des moyens. La collecte de données comportementales en temps réel, conjuguée à l'amélioration des analyses, permet de gouverner sans intervention humaine, de manière plus personnalisée et plus prédictive. À moyen terme, on peut y voir une façon de dessiner ce que pourrait être la relation nouvelle unissant l'administration et la société, avec la participation des citoyens aux services publics[13]. À plus court-terme, il est un formidable levier pour achever des gains d'efficience et insuffler une nouvelle mentalité dans l'administration.

Pour répondre à ce challenge, l'investissement doit être massif et chaque programme devrait prévoir un budget de modernisation des systèmes d'information. Après avoir été le premier président américain à nommer un responsable de la technologie et un responsable des données, Obama a pris le chantier des systèmes d'information à bras-le-corps. Il a recruté un certain nombre de talents des grandes entreprises de technologie de la Silicon Valley avec pour

---

13. GROSDHOMME-LULIN Élisabeth, *Service public « 2.0 »*, Institut de l'entreprise, juillet 2013.

mission de remettre à plat le travail gouvernemental. Cette équipe d'une quarantaine d'ingénieurs a notamment aidé à corriger les erreurs du site Medicare. Elle a été institutionnalisée et coordonne sur un réseau qui doit atteindre 500 membres à la fin de l'année 2016. Cette initiative a même poussé de jeunes *start-ups* comme Nava à se lancer dans la fourniture de prestations informatiques au gouvernement. Les Britanniques ont également lancé, même si de moindre ampleur, une initiative similaire avec le Government Digital Service. La France n'est pas dépourvue, les sites data.gouv.fr, marchés publics simplifiés ou mes-aides.gouv.fr ont tous été développés de manière agile par des équipes réduites en moins de six mois. Loin du cahier des charges, l'objectif a été réduit à sa plus simple expression, permettre la réponse à un marché public avec un numéro de SIRET par exemple.

6

L'EXÉCUTION,
L'ART DE SURMONTER LES DIVISIONS

*Que la stratégie soit belle est un fait, mais
n'oubliez pas de regarder le résultat.*

Winston CHURCHILL, *Mémoires de guerre*, 1948.

Après la construction méthodique des quatre phases
du projet, diagnostic, vision, stratégie et plan d'action, il
reste à installer le changement en faisant face aux parties
prenantes. Pour réussir, un dirigeant doit être capable, en
amont, de former une coalition avec les soutiens au projet
dont il a reçu le mandat pour réformer et, en aval, de faire
face aux oppositions.

L'opposition à la réforme est un droit fondamental.
Tout changement qui modifie les conditions économiques
initiales et bouleverse les situations individuelles crée des
perdants, réels ou supposés, matériels ou symboliques,

qui vont tenter soit de faire abandonner l'idée de réforme, soit d'en aménager les contours *via* une négociation sous pression. Même si une réforme produit clairement des bénéfices nets globaux, leur répartition va générer des oppositions. Les perdants potentiels se mobilisent, en général, davantage que les gagnants. Les études de cas de l'OCDE offrent très rarement l'exemple d'une forte mobilisation de coalitions en faveur des réformes[1]. La mobilisation plus forte des perdants est logiquement corrélée à la différence de survenance dans le temps des coûts et des bénéfices : si les efforts sont concentrés à court terme, les bénéfices sont souvent plus lointains et diffus, avec des effets visibles moindres sur les situations particulières. Tout changement s'inscrit en effet dans le temps : les agents économiques sont en mesure d'actualiser le futur et de faire entrer l'horizon temporel comme variable d'incertitude.

Il y a en outre une asymétrie d'information inhérente à l'analyse d'un projet de réforme : les parties prenantes ne peuvent déterminer si les objectifs de celle-ci obéissent à un réel souci d'amélioration du bien-être ou si elle sert des intérêts partisans proches du gouvernement. Aussi mener une réforme substantielle s'avère plus aisé pour un parti qui paraîtrait, au moins en apparence, y être idéologiquement opposé. La mise en place de nouvelles institutions d'expertise, notamment d'autorités de régulation indépendantes, est un moyen de rassurer les perdants quant

---

1. Réussir à mobiliser les acteurs en soutien des réformes est un exercice plus difficile. Il faut accélérer le retour des gains attendus et faire prendre position aux acteurs qui seront les gagnants avec des témoignages publics par exemple. Il vaut mieux s'attarder à circonscrire les opposants qu'à appeler vainement à une majorité silencieuse, majorité qui recouvre de moins en moins une réalité homogène.

à l'équilibre des gains et des pertes. L'instauration de processus automatiques objectivés permet de se départir aux yeux des parties prenantes, au moins partiellement, du prisme idéologique. L'absence de ressort idéologique prive en général les opposants d'un levier puissant pour dénoncer la réforme en empêchant d'en exagérer la portée et la radicalité.

Enfin, les rapports de force politiques et économiques sont bien souvent à l'avantage des perdants potentiels bénéficiant d'une rente. Dans la majorité des cas, ils sont mieux organisés et disposent d'une plus grande influence politique et de ressources financières plus importantes. Les gagnants potentiels, individus ou entreprises voulant entrer sur un marché réglementé par exemple, qui évoluent bien souvent dans un environnement plus précaire, n'ont guère de temps à consacrer à l'activisme ou à la défense de leurs intérêts. Les réformes du marché du travail en sont un bon exemple. Alors que les gagnants potentiels sont souvent les travailleurs les moins intégrés à l'activité économique, chômeurs de longue durée, salariés en contrats précaires ou encore inactifs, la flexibilisation est ressentie comme une menace potentielle par les travailleurs en contrat à durée indéterminée bénéficiant d'une forte protection contre le licenciement. Or les travailleurs non intégrés ne sont pas aussi bien organisés, ni aussi influents que les travailleurs intégrés qui bénéficient de la protection des syndicats. En outre, comme le soulignent les économistes de l'OCDE, les potentiels gagnants de la réforme n'y sont même pas toujours favorables, notamment lorsque la réforme vise à favoriser le retour dans l'emploi par une réduction des prestations sociales. Comme pour le calendrier des réformes où la conjoncture peut offrir des fenêtres d'opportunité, celle-ci peut aussi déclencher des contestations sans qu'un projet de changement des politiques publiques ne soit particulièrement visé. C'est ainsi le cas de la récente crise des éleveurs touchés par la baisse des prix de la viande.

La capacité de contestation s'est renforcée, à la faveur des réseaux sociaux et d'un système médiatique donnant plus d'écho que par le passé aux opposants, alors même que leur contingent est en diminution. Aujourd'hui un groupe restreint d'individus a la capacité à acquérir une force de pression de nature à faire reculer un gouvernement. Dans un contexte où l'intérêt général est beaucoup plus compliqué à discerner, toute revendication est devenue recevable tant qu'elle donne l'impression d'être soutenue dans l'opinion publique, c'est-à-dire tant qu'elle est relayée par les médias.

Ainsi en 2012, le mouvement des Pigeons a mené une campagne sur le thème de la majorité silencieuse « [qui] ne se syndique pas, ne manifeste pas, ne menace pas, ne pose pas de bombes et préfère créer de la richesse ». En organisant un bruit médiatique sur la base des réseaux sociaux, notamment sur Facebook où 50 000 fans seront recrutés en cinq jours, le mouvement attire l'attention des journalistes puis la considération des politiques. Au final, ces entrepreneurs et investisseurs exaspérés par le nouveau régime de taxation de plus-value des cessions d'entreprise – qui pouvait monter jusqu'à 62 % au-delà d'un million d'euros – obtiennent gain de cause avec une révision de la part du gouvernement. Celui-ci ira même plus loin, offrant un cadre dérogatoire au régime de droit commun avec un abattement jusqu'à 85 %, créant même un déséquilibre manifeste entre le régime applicable à une entreprise de moins de dix ans et une entreprise plus âgée. La formule de mobilisations a depuis été reprise avec des fortunes plus ou moins heureuses par les Poussins, Moineaux, Dupés et autres Tondus, prétendant respectivement incarner les autoentrepreneurs, les créateurs d'entreprises, les chefs d'entreprises face aux réglementations du Code du travail et les indépendants payant trop de taxes.

Dans le même temps, l'autorité politique s'est affaiblie face à la contestation agressive du fait d'une moindre tolérance de la société face à l'utilisation du monopole de la violence légitime par les forces de l'ordre. À partir de juin 2013, dans un contexte de crise de l'industrie agroalimentaire en Bretagne, notamment de la filière avicole[2], émergent des revendications concernant l'allègement des impôts, la diminution des contraintes administratives et la suppression de l'écotaxe. L'entrée en action de mouvements syndicaux, Fédération des syndicats d'exploitants agricoles (FNSEA) d'un côté et Force ouvrière (FO) des abattoirs de l'autre, se traduit par une manifestation au cours de laquelle est détruit un portique devant permettre la perception de l'écotaxe sur les poids lourds. La contestation de l'écotaxe sur les poids lourds n'était pas neuve puisque la première manifestation contre le sujet remontait à 2009. En dépit d'une mobilisation numériquement faible, maximum de 15 000 manifestants à Quimper en novembre 2013 selon la préfecture, et idéologiquement disparate, les idées représentées allant de l'extrême droite à l'extrême gauche en passant par le régionalisme, cette contestation a fait reculer le gouvernement par un usage non sanctionné de la violence et de la dégradation systématique. Lorsque la faiblesse est ressentie, les intérêts particuliers s'engouffrent dans les failles de la détermination gouvernementale et le coût des reculades peut rapidement devenir élevé. Près

---

2. Crise latente de l'agroalimentaire français dans son ensemble du fait de l'affaiblissement de la compétitivité de celle-ci et donc de sa sensibilité croissante aux chocs exogènes (sécheresse en 2011, baisse des subventions à l'export en 2013, essoufflement des marchés russes et asiatiques en 2015).

de 800 millions d'euros, c'est la somme qu'auront coûtée à l'État français l'abandon de l'écotaxe poids lourds et la résiliation du contrat avec le prestataire en charge de la gestion du dispositif, le consortium franco-italien Ecomouv[3].

Trois modes de traitement de la contestation peuvent être utilisés : la consultation, la confrontation et la négociation. Tous s'appuient sur une évaluation fine des parties prenantes, pour identifier lesquelles seront les perdantes/gagnantes des réformes d'un point de vue matériel et quels en seront les partisans/opposants d'un point de vue idéologique. Personne ne conteste sans raison, il est donc indispensable de comprendre les revendications initiales des protestataires. Réussir une transformation passe par la mobilisation des gagnants et des partisans tout en offrant une compensation partielle pour les perdants afin de déborder numériquement les opposants. Les responsables politiques sont souvent tentés de séduire leurs opposants, exercice consommateur de temps, alors même que ceux-ci leur sont idéologiquement hostiles et n'ont aucune envie, ni raison de transiger.

---

3. Se décomposant entre des indemnités de 403 millions d'euros pour EcoMouv, la reprise de créances auprès des banques pour 390 millions d'euros, auxquels s'ajoutent des destructions matérielles diverses : dix portiques écotaxe endommagés ou démontés entre août 2013 et mars 2014, chacun d'une valeur unitaire d'un million d'euros ; une cinquantaine de radars détruits ou endommagés dans la région pour un coût total direct d'un million d'euros ; l'incendie et la destruction, en septembre 2013, des bâtiments récents du centre des impôts et de la Mutualité sociale agricole (MSA) de Morlaix, évalués à 2,5 millions d'euros.

Valoriser la consultation des parties prenantes

Une consultation peut bien évidemment s'opérer au moment de la constitution du diagnostic ou de la stratégie. Il s'agit de traiter ici le sujet de la consultation une fois le mandat obtenu avant la mise en place de la stratégie, c'est-à-dire postélections mais avant promulgation des lois. La consultation c'est écouter l'avis des parties prenantes. Celle-ci doit aider à la correction des erreurs ou l'élimination des facteurs bloquants les plus évidents. D'ailleurs, dans l'entreprise, elle est obligatoire avec des procédures d'information-consultation du comité d'entreprise. Si la fermeté et le refus de faire évoluer la proposition initiale n'est pas toujours synonyme d'échec, l'absence de concertation l'est souvent. La non-concertation est coûteuse et a tendance à complexifier la mise en œuvre des réformes suivantes en renforçant le potentiel de contestation. La remise de programmes clés en main construits en chambre par des experts est ainsi le meilleur moyen d'échouer. Une erreur traditionnelle est de se contenter de consulter les corps intermédiaires en leur conférant une représentativité de fait.

En décembre 1993, le gouvernement Balladur mène une réforme du marché du travail qui échoue du fait d'une concertation centrée sur les syndicats, oubliant les principaux concernés, à savoir les jeunes actifs. Avec un nouveau contrat de travail, le CIP[4], cette réforme vise à

---

4. Conçu à la suite du rapport Mattéoli de juillet 1993 qui voyait dans le SMIC un problème pour l'emploi des jeunes, le contrat d'insertion professionnelle (CIP) s'apparentait à un contrat de travail à durée déterminée, compris entre six mois et un an, dont la rémunération en pourcentage du SMIC était fixée par décret, 80 % en 1993, destiné

favoriser l'insertion professionnelle des jeunes, premières victimes du chômage. La promulgation fin décembre, avant les vacances de Noël, permet d'éviter toute réaction immédiate mais celle-ci commence à la publication des décrets d'application en février. Le syndicat d'étudiants, UNEF-ID, lance la contestation et est rejoint par les syndicats de travailleurs et l'opinion publique. En mars, des centaines de milliers de manifestants se réunissent, dénonçant la création d'un « SMIC-jeunes ». À la fin du mois, Édouard Balladur annonce la suspension puis le retrait du CIP. En juin 1994, une consultation nationale des jeunes est lancée en vue de préparer une nouvelle réforme, avec un questionnaire envoyé par voie postale à 9 millions de Français âgés de 15 à 25 ans. 1,6 million de questionnaires reviendront. Une commission pluridisciplinaire composée de chefs d'entreprises, d'animateurs de télévision, d'enseignants, de chercheurs en tire un rapport remis en décembre 1994 dont une seule proposition, la carte de transport à mi-tarif, sera appliquée. Une consultation après réforme ne compensera jamais d'avoir mis les parties prenantes devant le fait accompli.

La consultation oblige les promoteurs de la réforme à se mettre en position de dialoguer. Les deux projets de lois sur la réforme de l'école en France et en Italie présente, à cet égard, des profils très différents. En France, la ministre de l'Éducation nationale, Najat Vallaud-Belkacem, a adopté une position de fermeté, refusant d'instaurer un échange avec les parties prenantes, parents, enseignants ou « quasi-intellectuels » qui émettaient des réserves. De l'autre côté des Alpes, Matteo Renzi, le chef du gouvernement, qui

---

aux moins de 26 ans jusqu'à bac + 3. On imagine à peine les coûts de gestion d'un tel dispositif.

affrontait lui aussi des critiques, a décidé de prendre lui-même en charge la communication de sa réforme de la *Buona Scuola* (Bonne École). Il a posté, sur la plate-forme YouTube, une vidéo de dix-sept minutes défendant une plus grande autonomie des établissements, une réforme des programmes et des investissements de rénovation des écoles. Il a en outre envoyé une lettre aux plus de 600 000 enseignants italiens en réaffirmant leur rôle moteur. Lors du débat parlementaire, il s'est montré à l'écoute en acceptant certains amendements sur cette réforme scolaire. Si la réforme française est passée, son application concrète a tout à prouver tant la défiance des parties prenantes n'a pas été levée. Par-delà le caractère péremptoire des textes, une résistance passive peut s'organiser.

Par leur statut d'intermédiaires représentatifs, les partenaires sociaux sont considérés comme des acteurs importants de la concertation en entreprise comme au niveau d'un État. Toutefois la concertation avec eux ne sera efficace que si le gouvernement ou le chef d'entreprise est en mesure de récompenser leur coopération. En Allemagne, quand le chancelier Schröder décide de mettre fin à l'Alliance pour l'emploi et œuvre pour une plus grande flexibilité du travail, il écarte volontairement les syndicats face auxquels il n'avait aucun moyen d'offrir des compensations, déjà engagé dans une politique de modération salariale. Il doit surtout être en mesure de sanctionner leur non-coopération. En d'autres termes, ce dernier doit être reconnu capable d'agir de manière unilatérale en cas d'échec de la concertation. Une détermination trop faible à agir en cas de non-aboutissement de la concertation donne un avantage tactique aux partenaires sociaux. En France, le choix de la négociation sur celui de la confrontation a été récompensé par la loi sur la sécurisation de l'emploi. Ainsi la négociation des plans sociaux permet d'en éviter la contestation en justice, ce qui a poussé les entreprises à jouer le jeu pour s'épargner une procédure plus longue. Le taux de judiciarisation des plans sociaux est passé de plus de 20 % entre 2007 et 2011 à 8 % depuis l'entrée en vigueur de la loi.

Quoi qu'il en soit, la concertation exige d'avoir en face de soi un partenaire un minimum coopératif. Dans les pays scandinaves, les syndicats ont rejoint le camp des réformistes et ont été promoteurs du changement. Cela a également pu être le cas en France, avec l'engagement de Nicole Notat, alors présidente de la CFDT, en faveur de la réforme de la Sécurité sociale proposée par le gouvernement Juppé en 1995. Il n'empêche que sur les deux dernières décennies, de tels soutiens ont été rares et les syndicats de salariés ont plutôt pris une posture conservatrice hostile à la libéralisation des marchés du travail, de biens et services et à la recherche d'équilibre des régimes de retraite. Notons qu'il en va de même des syndicats patronaux qui s'opposent à l'ouverture de certains marchés de biens et services ou à la réforme du marché du travail pour se protéger de la concurrence. Ceci s'explique par leur composition qui les rend bien souvent les représentants des intérêts corporatistes des professions les mieux protégées et des retraités. C'est d'autant plus vrai dans les pays faiblement syndicalisés, comme la France et où celle-ci est en baisse parmi les cohortes les plus jeunes. L'opposition des syndicats aux réformes est souvent moins le fruit d'une volonté idéologique de blocage que le choix rationnel de dirigeants dans la défense des intérêts des adhérents de leur organisation et non de l'ensemble des salariés ou des entrepreneurs.

Face à des parties prenantes non coopératives, trois attitudes sont là encore possibles : les écarter, les museler ou les démocratiser.

Dans deux des cinq pays dits périphériques touchés par la crise de l'euro en 2010[5], les gouvernements qui ont réussi à faire des réformes ont écarté des syndicats non coopératifs. En Espagne, les réformes du droit du travail pour flexibiliser le marché, assurance chômage en 2010 et régime d'indemnisation en 2012, ont été menées sans concertation. La remise en cause unilatérale de mesures autrefois issues de la négociation collective a également eu lieu dans la fonction publique. En effet, les deux principales centrales syndicales, *Comisiones Obreras* et *Unión General de Trabajadores*, s'étaient affichées ouvertement hostiles au gouvernement en entamant une grève la veille de la présentation du premier budget du nouveau gouvernement. Le choix du gouvernement n'a pas été guidé par une défiance *per se* envers les syndicats puisque des décrets ont renvoyé les négociations salariales au niveau de la négociation collective d'entreprise. En Italie, Matteo Renzi a volontairement décidé d'écarter les corps intermédiaires, notamment de la *Confederazione Generale Italiana del Lavoro*, en prenant à partie l'opinion publique et en utilisant les élections intermédiaires.

Simplement écarter les syndicats non coopératifs n'est pas une solution de long terme, il est possible d'être plus volontariste en luttant ouvertement contre leur influence. L'exemple le plus célèbre de confrontation avec les syndicats

---

5. Exemples documentés par un groupe d'experts de l'Institut de l'entreprise, sous la présidence de Michel Pébereau. Les cinq notes sont consultables en ligne. *Royaume-Uni, l'autre modèle ? La Big Society de David Cameron et ses enseignements pour la France* (DENIS Eudoxe avec STRAUCH Laetitia, 2014) ; *Espagne : derrière l'austérité, la reprise* (BROTONS Adrienne, 2014) ; *Irlande : le retour du Tigre Celtique* (MASON-SCHULER Nathanaël, 2014) ; *Italie : le chemin escarpé des réformes* (TROTTMANN Charles, 2015) ; *Sortir de la crise : les enseignements de nos voisins européens* (collectif, 2015).

est celui de Margaret Thatcher qui vécut en janvier 1972, comme ministre de l'Éducation du gouvernement conservateur d'Edward Heath, une grève nationale des mineurs de sept semaines s'achevant par la démission du Premier ministre[6]. Elle limita l'efficacité de l'action syndicale, en publiant des lois limitant leur pouvoir avec les Employment Act de 1980, de 1982, de 1988, le Trade Union Act de 1984, empêchant de bloquer les mines, les usines, les ports et les bâtiments publics, tout en adoptant une voie gradualiste pour éviter de brusquer les 12 millions d'adhérents de ces syndicats d'alors.

Plus récemment, toujours au Royaume-Uni, David Cameron choisit une voie moins radicale pour résoudre le problème de non-coopération en souhaitant rendre les syndicats plus représentatifs et démocratiques. Lorsqu'il était dans l'opposition, il essaya de rapprocher les syndicats du parti conservateur. Preuve de ce rapprochement, il avait même été invité à participer à la conférence annuelle du congrès des syndicats, quatre mois après son élection, une première pour un Premier ministre conservateur. Mais cette entente cordiale s'est rapidement fracassée sur la réalité de la politique de réduction du déficit public qu'il mit en place conformément à ses engagements de campagne. Les syndicats basculèrent alors dans l'opposition, organisant plusieurs grandes manifestations. Prenant conscience de l'échec à forger une alliance avec les syndicats, David Cameron fit progressivement évoluer son discours et annonça au cours de sa campagne pour la réélection qu'il souhaitait s'assurer que ceux-ci ne créent pas un miroir

---

6. Pierre-François GOUIFFÈS, qui a écrit de loin le meilleur livre sur cette période de l'histoire britannique (*Margaret Thatcher face aux mineurs*, Paris, Privat, 2007).

déformant et reflètent mieux les choix des salariés. La première loi présentée au Parlement depuis sa réélection vise à interdire les mouvements de grève dont le vote n'aurait pas recueilli une participation de plus de 50 % des syndiqués et même 40 % des inscrits dans certains services publics tels que la santé, l'éducation, les transports ou la sécurité civile, contre la majorité des votants aujourd'hui. Pour limiter les perturbations, les grévistes devront prévenir leur employeur quatorze jours en avance et pourront être temporairement remplacés, pratique qu'avait proscrite le gouvernement travailliste en 1973. En outre, une modification du financement des actions de protestation, notamment des manifestations, est à l'étude.

C'est la responsabilité du gouvernement d'être capable d'objectiver la représentativité réelle des partenaires sociaux et d'imaginer des stratégies de représentation des catégories faiblement intégrées que ce soit les chômeurs, les jeunes actifs ou les nouveaux entrants. En France, dans un schéma de négociation des conditions de travail à l'échelon de l'entreprise (*cf.* chapitre 4), il n'est pas concevable de museler les organisations syndicales. Ceci n'empêche pas de réinstiller de la concurrence dans le jeu syndical en mettant fin au monopole de la représentativité syndicale, notamment en laissant se présenter au premier tour des élections tous les salariés qui le souhaiteraient. Étendre le champ d'application du référendum d'entreprise et le rendre obligatoire en cas de grève permettrait également de rendre plus transparente l'opinion des salariés.

Assumer la confrontation avec les opposants

La confrontation n'est pas un échec, elle doit au contraire être réhabilitée comme une étape normale de l'application de la réforme. « Nul gouvernement ne peut-être longtemps solide sans une redoutable opposition », disait le Premier Ministre britannique Benjamin Disraeli (1804-1881). L'absence de contestation est bien souvent le meilleur indicateur de l'immobilisme ou d'une réforme arrachée au prix fort, au détriment de l'avenir.

L'arène parlementaire est le premier champ de bataille pour les opposants politiques, qu'ils soient membre des partis vaincus lors de l'exercice électoral ou membres du parti ou de la coalition au pouvoir. La culture politique française a intégré la contestation systématique des propositions d'un camp par l'autre, le projet de loi Macron en étant le dernier exemple en date. L'opposition politique a peu de pouvoirs concrets de contestation, si ce n'est la modeste capacité d'enliser une proposition de réforme dans la procédure législative et d'initier le recours devant le Conseil constitutionnel. Aussi, une contestation émanant de l'opposition politique emporte rarement des conséquences majeures sur la capacité d'exécution d'une réforme. La contestation provenant du camp du gouvernement est beaucoup plus problématique en ce qu'elle teinte la réforme d'illégitimité. L'importance de la cohésion gouvernementale a été précisée précédemment, et vaut, à un degré moindre, pour la majorité parlementaire.

La contestation peut aussi émaner de groupes d'experts, d'associations, telle la Ligue des droits de l'homme lors de la réforme des retraites en 2010, de figures de la société civile, voire d'entrepreneurs politiques, comme le syndicaliste de la CFDT Édouard Martin lors de la fermeture des hauts-fourneaux de Florange. Elle trouve sa caisse de résonance essentiellement par des prises de positions dans les médias. Face à ces contestations, la seule position à tenir est celle de la constance et de la confiance en son diagnostic. Si la critique devient majoritaire lors de l'exécution c'est que des étapes intermédiaires n'ont pas été correctement réalisées, que des incompréhensions majeures auraient dû être purgées plus tôt dans la phase de partage du diagnostic, dans la présentation de la stratégie ou, pire encore, que le mandat est en train d'être trahi.

La contestation se traduit parallèlement dans des actions de terrain. Les modalités traditionnelles de pression telles que la grève, la manifestation, les blocages et actions violentes, ont perdu en influence aux yeux des Français, qui sont donc d'autant moins enclins à y prendre part. En effet, le Cevipof a mené une enquête permettant de jauger l'approbation des divers moyens de contestation : deux moyens d'action se dégagent comme légitimes, la manifestation et la grève[7]. Mais ils sont perçus comme efficaces par seulement 30 % et 22 % des Français. Si cela n'éteint pas les mouvements de masse, comme récemment la Manif pour tous, le plus bloquant des moyens de contestation, à savoir la grève parce qu'elle touche aux capacités de production, est en diminution depuis deux décennies[8]. Seulement 1,3 % des entreprises de dix salariés ou plus déclarent avoir connu au moins un arrêt collectif de travail en 2012, dont moins de la moitié sur des enjeux exclusivement internes. Le nombre moyen de journées individuelles non travaillées pour fait de grève baisse de 130 pour 1 000 salariés sur la période 2005-2009 à 60 en 2012. Les risques de contagion et de paralysie générale du pays ont donc structurellement diminué.

Face à la contestation dans la rue du mandat accordé par les citoyens au moment de l'élection, l'essentiel est de

---

7. Recueillant respectivement 72 % et 80 % d'approbation dans la dernière enquête datant de 2007.

8. Dares, Négociation collective et grèves en 2012, novembre 2014.

résister. Les études de cas récentes montrent l'inclinaison des opinions publiques vers le légitimisme. Par exemple, le programme d'ajustement d'ampleur mené par D. Cameron au Royaume-Uni, lors de son premier mandat, a déclenché des manifestations. Dès l'automne 2010, quelques mois après son entrée en fonction, les manifestations commencent : pour protester contre l'augmentation des frais d'inscription à l'université, les étudiants vont jusqu'à occuper le siège du parti conservateur. Puis les syndicats et des associations s'organisent autour d'un combat antiaustérité tout au long de l'année 2011. Mais après quelques succès initiaux, ce mouvement s'essoufflera sans avoir amoindri la volonté réformiste du gouvernement. Les sondages ne montraient pas un soutien de l'opinion publique à ce mouvement et, comme on le sait, le parti conservateur sera largement réélu en 2015. En Espagne, dans un contexte difficile marqué par une pression extérieure forte, le gouvernement de M. Rajoy a été la cible répétée de manifestations contestant alternativement ses réformes du marché du travail ou la consolidation budgétaire. Des manifestations menées dès les premiers jours de mandat s'accompagnent d'une vaste grève générale, la sixième par ordre d'importance en trente ans. Elles se complètent en 2011 par un mouvement d'occupation des places publiques par les Indignés. Sa résistance a payé puisque le parti populaire est aujourd'hui en tête des sondages pour les élections générales de 2015. M. Renzi en Italie doit faire face à une grande manifestation en octobre 2014 pour protester contre la réforme du marché du travail, à laquelle il rétorque « [qu'il avait] un grand respect pour cette manifestation mais [que] l'époque où une manifestation pouvait bloquer le gouvernement et le pays était révolue ». Les appels à la grève générale se sont multipliés en décembre 2014 suite au passage en force de la réforme mais n'ont suscité qu'une participation variable, un salarié sur dix selon le patronat. M. Renzi déclare alors : « J'ai le plus grand respect pour qui manifeste, mais je ne suis pas du genre à me laisser impressionner : les lois se font au Parlement, pas sur les places. » En France aussi la constance paye. Lors de la réforme des retraites de 2010, qui vit la plus grande manifestation du pays depuis quinze ans selon la police, 70 % de personnes trouvaient le mouvement justifié au début du mois de septembre. Deux mois plus tard, plus d'un Français sur deux le trouvait injustifié, sans que le gouvernement n'ait remis en cause sa position d'allonger l'âge légal de départ à la retraite. Pour aider à tenir, chaque ministre, porteur identifié d'une réforme, pourrait être déclaré inamovible pendant six mois quelle que soit la pression de la rue, sauf en cas de désolidarisation de la stratégie.

Même si la pratique de cessation du travail est en recul, la capacité à faire face à des mouvements de grève se construit. Après sa réélection en 1983, M. Thatcher se prépara à un conflit de grande ampleur avec les mineurs, conflit censé être symbolique, en sécurisant la production électrique pour éviter des pénuries handicapantes, en accroissant et maintenant sous contrôle les réserves de charbon, en recrutant et en augmentant les salaires des policiers dont certains sont constitués en unités antiémeute. Elle choisit d'ailleurs de reculer lors d'une première grève en 1981 ne s'estimant pas assez préparée. Finalement, de mars 1984 à mars 1985, la grève la plus longue que le Royaume-Uni ait connue depuis 1926, se traduisit par la victoire idéologique de Margaret Thatcher, reléguant dans les limbes de l'histoire britannique la manifestation violente et la grève. L'opinion publique était majoritairement opposée aux mineurs et ne souffrit pas de leurs actions.

Aujourd'hui, à la différence de l'époque de M. Thatcher, la privatisation de grandes entreprises publiques a permis de rendre la continuité des services publics de l'eau, de l'électricité ou des télécommunications résiliente aux actions de protestation. Le service minimum existe de longue date dans les secteurs de la santé, du nucléaire et du contrôle aérien. Deux services publics continuent de poser problème en cas de grève, les transports et l'école, qui empêchent les actifs de se rendre au travail parce qu'ils ne peuvent plus y accéder ou parce qu'ils doivent garder leurs enfants. Il est donc nécessaire d'assurer la continuité de ceux-ci à tout prix, étant précisé que ces secteurs sont les plus sujets à la contestation par la grève[9]. La loi offre un certain nombre de dispositions pour faire face à ce risque, en donnant notamment aux pouvoirs publics le temps de se préparer. La cessation concertée du travail doit être précédée d'un préavis déposé cinq jours avant le déclenchement de la grève pour laisser du temps à la négociation. Le non-respect de ces règles peut conduire à la révocation consécutive à un abandon de poste. Les dispositifs de la loi sur le service minimum permettent une anticipation du nombre de grévistes et donc le dimensionnement du recours à des remplaçants internes uniquement – puisque le remplacement par des effectifs externes est interdit. Outre la loi de 2007 sur le service minimum dans les transports, la loi du 20 août 2008 a institué un droit d'accueil pour les élèves de l'école maternelle et élémentaire pendant le temps

---

9. Le nombre de journées individuelles non travaillées pour fait de grève pour 1 000 salariés est plus élevé dans le secteur de l'enseignement, la santé humaine et l'action sociale que la moyenne des services (56 contre 39 en moyenne). Les entreprises de transports et d'entreposage sont celles qui connaissent le plus fréquemment des arrêts collectifs de travail, culminant à 243 jours non travaillés pour 1 000 salariés. Du fait du monopole sur le transport ferroviaire de personnes, la SNCF déclare un tiers des jours non travaillés de l'ensemble du secteur.

scolaire. Les communes doivent accueillir les élèves dans les établissements dont au moins un quart des effectifs est en grève. La loi considère également que les piquets de grève entravant la liberté du travail et les actes de dégradation du matériel peuvent conduire à la révocation ou la radiation, nonobstant la garantie de l'emploi à vie. Enfin, les autorités publiques peuvent ordonner la réquisition des grévistes pour motifs d'ordre public, comme elles l'avaient fait dans la raffinerie de Grandpuits à l'automne 2010[10].

Pourtant tous ces textes n'ont de valeur que s'ils sont appliqués, ce qui est trop rarement le cas aujourd'hui. Le recours à la force publique est inexistant et les condamnations très rares en cas de piquets de grève, d'occupation de lieux de travail, de non-respect des délais de préavis. Il arrive même que le paiement partiel des jours de grève soit accordé sous des modalités diverses ou que le recensement des grévistes ne soit pas fait, leur laissant l'avantage de la rémunération. C'est ainsi qu'en mars 2009, au plus fort de la grève contre les réformes de V. Pécresse, le Syndicat national de l'enseignement supérieur revendiquait haut et fort que la moitié de ses 57 000 enseignants-chercheurs de France étaient en grève, alors que le ministère ne comptait que 150 à 300 grévistes. Concernant le service minimum d'accueil, un rapport de l'Inspection générale de décembre 2012 pointait du doigt que seulement un tiers des communes disposant d'au moins une école avait mis en place le dispositif, avec une proportion d'élèves accueillis allant de 10 % à 20 %. Enfin, des syndicats ont pu par le passé tenté de détourner l'esprit des lois sur le

---

10. Depuis le recul, en 1963, du général de Gaulle face à la réquisition des mineurs de Lorraine, aucun gouvernement n'a pris une telle mesure, en laissant le soin aux préfets.

service minimum en demandant publiquement aux salariés de se déclarer systématiquement grévistes tout en venant le jour prévu pour empêcher des prévisions fiables. Il serait peut-être judicieux d'interdire la rétractation des agents se déclarant avec l'intention d'être grévistes.

La mobilisation par le nombre n'étant plus une garantie de succès, ce qui importe aux yeux des opposants, c'est la détermination et la radicalité face à la peur de la bavure. En effet, depuis l'affaire Oussekine[11], la crainte de tout gouvernement est de devoir assumer un décès lors d'une manifestation violente. Ainsi les actions de contestation violente, zone action défense (ZAD) de Notre-Dame-des-Landes, Center Parcs de Roybon, blocage de l'autoroute A1, Moirans, sont le fruit d'une absence d'intervention de l'État paralysé dans l'usage de la force légitime. Le phénomène n'est pas nouveau, rappelons-nous les violences des pêcheurs à Rennes en 1994 conclues par l'incendie accidentel du parlement de Bretagne, mais la multiplication récente de ces incidents interpelle. La perpétration de dégradations de biens publics comme privés sous l'œil complice des forces de l'ordre, que ce soit des taxis renversant des VTC ou des agriculteurs interdisant l'entrée sur le territoire à des camions de marchandises étrangères, s'inscrit dans cette désacralisation de l'ordre public. Le passage d'une contestation de masse à une contestation plus fragmentée n'est pas pour autant une aubaine pour les gouvernements. La recherche d'images par les chaînes d'information en continu et la viralité alimentée et les réseaux sociaux rendent dangereux l'enlisement dans la contestation violente. Cet

---

11. Action des forces de police ayant entraîné la mort de Malik Oussekine, le 6 décembre 1986 à Paris, après une manifestation étudiante contre le projet de réforme universitaire.

enlisement est consommateur de crédit politique car il oblige à assumer des débordements de long mois durant. Le maintien de l'ordre public est d'ailleurs une attente forte de Français, peu tolérants à l'égard des mouvements violents. Deux semaines après le début du mouvement des Bonnets rouges en Bretagne, un sondage BVA montrait que 57 % des Français estimaient qu'il était temps d'arrêter les manifestations et les dégradations de biens publics. Dès lors que le gouvernement avait suspendu l'application de l'écotaxe, l'utilité de la contestation et son coût économique a pu choquer.

Entamer une négociation avec les opposants

Pendant la consultation comme la confrontation, une négociation peut s'engager pour tenter de rallier certains des opposants matériels, c'est-à-dire les perdants. En France, trop souvent, la fin de la négociation s'incarne dans un accord postconfrontation avec un chiffre censé représenter le volontarisme de l'État. Ce montant provient du *déblocage* de crédits supplémentaires comme s'ils étaient bloqués dans quelques réserves spéciales, masquant le fait qu'on déshabille Pierre pour rhabiller Paul. Pourtant, comme les autres étapes de la réforme, la négociation répond à des leviers précis.

Dans un premier temps, des techniques de négociation traditionnelles peuvent être mobilisées, comme le fait de débuter avec une position maximaliste. Mettre sur la table une proposition très radicale fait apparaître comme modérées des mesures initialement jugées offensives. Il faut préparer les paliers de négociation pour chaque réforme, avec des scénarios différents, pour éviter l'improvisation en cas de repli. Cet impératif de négociation est valable aussi au cours de la confrontation. Tout au long de celle-ci, la communication avec les perdants revêt une importance capitale et la négociation peut être maintenue, au moins de manière informelle.

L'indemnisation des perdants d'une réforme est un levier classique de négociation. Elle peut se faire en amont, lors de la préparation de la réforme, en garantissant une certaine équité. L'équité est la réponse à la crainte que le gouvernement agisse pour des intérêts particuliers. Parce qu'elle consiste à attribuer à chacun sa part d'efforts et de bénéfices par référence aux principes de la justice naturelle, elle est un élément essentiel de l'engagement individuel. Une réforme n'est acceptable que si elle intègre cette dimension, chaque partie prenante contribuant et recevant une juste rétribution. Pour Alcatel-Lucent, le plan 2 + 2 + 2 visait à répartir à parts égales un effort de deux milliards d'euros sur trois ans entre les actionnaires *via* une augmentation de capital, les créanciers par un rééchelonnement de la dette et les employés de la société par une amélioration de la productivité et une réduction de coûts. Dans l'État, les effets positifs des réformes doivent également bénéficier au plus grand nombre. Or le meilleur moyen d'élargir le cercle des bénéficiaires, c'est de viser l'équilibre budgétaire qui profite à la société dans son intégralité. L'indemnisation des perdants peut aussi prendre place pendant l'exécution de la réforme. Mais il faut veiller à circonscrire les concessions et exemptions, à faire en sorte qu'elles restent fidèles à l'esprit de la réforme. L'équilibre est à trouver entre une indemnisation qui permet de réduire le nombre et la volonté des opposants matériels et une compensation excessive dont le coût excéderait les bénéfices attendus de la réforme. La fusion des services des impôts et du Trésor public dans la Direction générale des finances publiques en 2007 a ainsi été jugée par la Cour des comptes comme relativement onéreuse. En dépit de son succès en matière de conduite du changement, le regroupement des deux administrations fiscales, que n'avait pas réussi à mener le ministre C. Sautter en 2000, n'a permis la baisse de la masse salariale qu'à partir de 2012. La faute à une répartition déformée des gains de productivité issus des 12 000 suppressions de postes entre 2008 et 2012, trop en faveur de la hausse des rémunérations des fonctionnaires.

L'indemnisation est nécessaire dans le cadre de libéralisation des marchés de biens et services lorsque les acteurs en place ont consenti des investissements qui n'auraient pas été rentables sans la protection législative, comme les achats de licences de taxis. La solution passe alors souvent par un rachat de ces biens ou charges. Mais le mécanisme de rachat doit être rigoureusement calibré. Faute de quoi les détenteurs de ces actifs peuvent bénéficier de conditions d'indemnisation favorables. En échange de la fin de leur monopole en 2011, les 430 avoués des cours d'appel ont touché une indemnisation de 292 millions d'euros, soit 700 000 euros chacun. Leurs 1 530 salariés, licenciés ou démissionnés à cause de la réforme, ont touché 75 millions d'euros. Cette indemnisation provient d'une taxe payée par tout justiciable faisant appel d'une décision de justice. Initialement d'un montant de 150 euros prévu pour être collecté entre 2012 et 2018, ce droit de timbre passé à 225 euros sera dû jusqu'en 2026. L'importance de l'indemnisation rend donc peu visible le bénéfice net global de la réforme.

La réduction du contingent de perdants est un second levier de négociation. Il s'agit d'exempter de la réforme des groupes de personnes *déjà en situation* pour réserver le changement à ceux *pas encore en situation*. Il se confond avec l'étalement dans le temps des effets de la réforme. Ainsi, les retraités ne sont que rarement concernés par une réforme modifiant le système de pensions, de même que les travailleurs les plus âgés bénéficient souvent de dispositifs transitoires. Sur le marché du travail, les réformes concernent les contrats à venir : les salariés les plus intégrés, bénéficiant d'un contrat à durée indéterminée, sont en général épargnés. Dans l'entreprise, il est également plus facile de toucher aux avantages financiers, de remettre en cause des primes pour les nouveaux entrants que de s'attaquer à ceux des salariés déjà en poste. La stabilité sous-tend le recours à ces exemptions partielles ou complètes. Chaque discipline y trouvera sa justification. La science économique considère qu'il est inefficace de demander abruptement aux individus de mettre en place des stratégies d'épargne ou de choix de carrière, qui se pensent sur le long terme et qu'un trop fort effet de seuil peut avoir des effets négatifs sur la motivation des agents économiques. La science politique estime que le respect des promesses passées est une condition de la stabilité sociale. Enfin, la science juridique en appelle à la non-rétroactivité. En matière fiscale, si des avantages ont été offerts sous forme de crédits d'impôt, la jurisprudence constitutionnelle limite les possibilités de modification abrupte : la suppression des niches fiscales ne remet pas en cause les avantages précédemment accordés.

Malgré ses vertus, un gouvernement véritablement réformiste maniera ce levier de négociation avec précaution. Il s'agit précisément au point nodal de l'art de gouverner, entre le maintien d'une stabilité propice au développement économique et la nécessité du changement. Ce levier condamne parfois à attendre beaucoup trop longtemps pour obtenir les effets désirés. La réduction du nombre de perdants par l'étalement des effets dans le temps peut rapidement être assujettie à des considérations partisanes. Le changement immobile guette alors. Le risque est d'échouer à obtenir des résultats économiques concrets au cours de son mandat tout en supportant des coûts de changement qui seront, eux, parfaitement identifiés dans l'imaginaire collectif, « Non à la retraite à 62 ans ». Les réformes de retraites de 1994 en Italie et de 2003 en France incluaient des périodes transitoires tellement étalées dans le temps que leur plein effet ne concernait qu'une portion congrue de la population électorale. Le retour à l'équilibre des régimes de retraite n'a pas été atteint sous le mandat des gouvernements à l'initiative de ces réformes. Aussi ce levier n'est pas d'usage automatique et des exemples peuvent inciter à l'utiliser d'une manière moindre qu'aujourd'hui en matière sociale. Les États-Unis ou la Suède ont respectivement mené des réformes de la protection sociale et de l'assurance maladie, modifiant la situation de tous, du fait d'un consensus sur la nécessité de changer. À charge pour le gouvernement de 2017 de bâtir en amont un tel consensus avec un diagnostic précis. Le levier d'exemption devrait être proscrit dans le cadre de la libéralisation des marchés de biens et services. En effet, il conduit à y renforcer la protection des rentes et y dissuader la pénétration des nouveaux entrants. Le marché du transport individuel de personnes où officient les VTC alors que les taxis ont conservé leur monopole sur la maraude en est un bon exemple.

Suivre le déploiement pour maintenir le rythme

Le suivi du plan d'action doit être un effort constant tout au long de l'exécution. Ceci permet de rendre compte de la réussite de celui-ci auprès des parties prenantes, d'ajuster le changement en cours de route pour en maintenir le rythme et, enfin, de revoir les réformes après quelques années pour en valider la pertinence.

Le suivi consiste à confronter régulièrement le calendrier d'exécution à l'atteinte des objectifs. Il est l'utilisation concrète des indicateurs choisis lors de la définition de la stratégie. Cela passe par la publication d'un tableau de bord permettant de mesurer les progrès des transformations engagées. Ceux-ci peuvent ensuite être communiqués aux électeurs, partenaires internationaux et créanciers. Il s'agit de conserver la confiance donnée par les parties prenantes en leur donnant des gages sur la réalisation de la stratégie. Un certain nombre d'évolutions s'observe dans les indicateurs économiques classiquement commentés, qu'ils soient la croissance ou l'emploi, mais un tableau de bord les synthétisant tous peut être proposé. C'est ainsi qu'en 2005, le ministre de l'Économie, Thierry Breton, avait publié un tableau de bord composé de quarante indicateurs trimestriels avec un triple objectif : « parler aux Français le même langage qu'eux », « pouvoir mesurer au plus près la performance de l'économie et de ses acteurs », et enfin « rendre confiance aux Français par le suivi régulier de notre action et de nos progrès ». La même année D. de Villepin, alors Premier ministre, prenait l'engagement de rendre compte tous les mois à la Nation de l'action du gouvernement.

Pour s'assurer que la stratégie suit bien le chemin défini, pour éviter de tomber dans le piège de la confiance exagérée, il est bon d'organiser des points de passage pour refaire le lien avec les engagements pris initialement, les traduire de nouveau dans des termes concrets à tous les échelons de l'organisation si besoin. C'est l'occasion de montrer le chemin parcouru tout en soulignant ce qu'il reste à faire. L'énergie nécessaire pour cet exercice ne doit pas être négligée, une communication globale lors de résultats trimestriels, de conférences mensuelles avec les cadres dirigeants. Cette diffusion de l'information, à l'intérieur de l'administration et à travers le pays, est très importante et nécessite une logistique certaine, au-delà de l'outil de communication classique qu'est l'allocution télévisée présidentielle, dont l'impact reste fort mais va décroissant.

Cette évaluation peut aussi être utilisée en interne pour récompenser les responsables qui atteignent leurs objectifs et sanctionner ceux qui ne démontrent pas suffisamment de résultats. En 2008, dans une initiative qui a tôt fait d'être caricaturée, François Fillon avait décidé d'évaluer les membres du gouvernement sur l'action menée depuis six mois. Le cabinet de conseil en stratégie Mars & Co avait bâti des fiches comportant trente critères d'évaluation, différents selon les ministères, tels que les heures supplémentaires des enseignants pour le ministère de l'Éducation nationale, le nombre d'étrangers en situation irrégulière expulsés pour le ministère de l'Immigration et de l'Identité nationale, le piratage des fichiers audio et vidéo pour le ministère de la Culture. Finalement ces notations n'ont pas servi à justifier les futurs remaniements. Il semble que, en France, la sanction soit plus fondée sur des critères politiques que managériaux. Ces outils de management existent aux États-Unis où les politiques publiques sont évaluées en fonction de leur efficacité. Pour que la démarche soit jugée crédible, la notation doit venir de l'extérieur et donc être menée par des cabinets ou des institutions indépendantes.

Le suivi permet également d'ajuster le changement en cours de route. Pendant l'intensif exercice de transformation de son groupe, le président de La Poste, Jean-Paul Bailly, consacrait ses vendredis à visiter des bureaux de poste, rencontrant élus locaux, postiers et usagers pour recueillir les doléances des uns ou des autres, appliquant la théorie des 3 S, sens, soutien et suivi. Les dispositifs doivent s'inscrire dans le temps, l'instabilité et la rétroactivité étant destructeurs de confiance. Toutefois, avant d'arriver à l'état stabilisé postréforme, des ajustements sont parfois nécessaires. Dans une perspective de suivi de moyen terme, le séquencement du plan en chapitres peut se révéler utile dans l'exécution car il permet d'accentuer d'autres thèmes ou de pouvoir rouvrir certains sujets critiques qui ont été moins abordés dans un premier temps. On exagère toujours sa capacité de maîtrise sur les événements et la conjoncture. La réforme nécessite un apprentissage par l'exécution et des mécanismes d'évaluation qui permettent d'aiguillonner la réforme en cours de route. C'est la même inquiétude qui prévaut en entreprise, où il faut veiller à ce que la structure volontairement déformée ne reprenne pas sa forme initiale.

Le suivi s'opère aussi après la rédaction de la loi pour être sûr que celle-ci est bien appliquée. Ces dernières années, plusieurs lois ont attendu longtemps avant la publication des décrets d'application, comme la loi pour l'accès au logement et un urbanisme rénové (Alur) dont seulement treize décrets sur les quatre-vingts prévus avaient été publiés un an après son adoption. Le secrétaire à la Réforme de l'État et à la simplification, Thierry Mandon, dans ses propositions du Conseil de la simplification pour les entreprises, a proposé qu'au-delà de six mois de délai pour publier les décrets d'application nécessaires à la mise en œuvre de la loi, les ministères doivent faire un compte rendu sur l'avancement du processus. Il propose également que l'ensemble des textes fasse l'objet d'une évaluation dans un délai de trois à cinq ans, par les corps de contrôle de l'administration ou des scientifiques opérant dans ce domaine comme ceux du LIEPP (Laboratoire interdisciplinaire d'évaluation des politiques publiques). Ceci permettrait d'examiner la pertinence de la loi, la réponse aux objectifs assignés et, le cas échéant, sa réécriture.

CONCLUSION

La méthode en quatre actes, diagnostic, vision, stratégie, plan d'action, proposée ci-avant n'a rien de révolutionnaire en ce qu'elle est utilisée par de nombreux gouvernements, entreprises et même, plus spontanément, par la plupart des individus. C'est sa systématisation qui semble intéressante, en réponse à une utilisation trop parcellaire comme c'est le cas actuellement en France. Notre conviction profonde est que réfléchir à la méthode à chaque instant du processus de transformation qu'on souhaite impulser est la garantie d'être en capacité de le réaliser véritablement.

Or faire évoluer radicalement les structures socioéconomiques d'un pays est la meilleure façon d'être réélu. La crainte majeure des responsables politiques est d'être sanctionnés par un vote négatif pour avoir mené des réformes ambitieuses, au motif qu'une bonne stratégie économique ne serait pas une bonne stratégie politique. Les études de cas de l'OCDE montrent au contraire qu'un gouvernement réformateur n'est pas défavorisé dans le contexte d'une réélection. Quatre des cinq gouvernements disposant d'un mandat électoral clair en faveur des réformes et l'ayant suivi ont par la suite été réélus. Le volontarisme d'un gouvernement est très valorisé, surtout quand il succède à une phase d'immobilisme. En étudiant 164 élections dans 23 pays entre 1960 et 2003, deux économistes A. Brender et A. Drazen ont montré qu'au-delà des éléments conjoncturels, un gouvernement se présentant devant les urnes après avoir mené une réduction d'un point du déficit exprimé en PIB augmente ses chances de réélection de près de 6 % et même de 8 % si cela se fait dans l'année précédant l'échéance électorale[1].

Le meilleur exemple de cette capacité à être réélu après avoir mené de grandes réformes grâce à une attention systématique à la méthode est David Cameron au Royaume-Uni. Lors de l'élection de 2015, il a obtenu plus de voix qu'en 2010, s'exonérant de la nécessité d'une coalition avec les libéraux-démocrates. Au-delà d'une personnalité qui ne suscite pas toujours l'adhésion, David Cameron a gagné cette élection essentiellement sur le terrain de l'économie, et d'une réputation de meilleur gestionnaire que son rival. En refusant de reconnaître les égarements budgétaires des gouvernements du Labour de 2007 à 2010, Ed Miliband n'a pas rassuré sur ses capacités à tenir les comptes nationaux sans détériorer le potentiel de croissance, doutes déjà soulevés par sa campagne plus à gauche que la voie centriste prônée par Tony Blair.

Les 2 millions d'emplois, dans la proposition de la France du mérite comme vision, sont possibles. Ils sont sans doute aussi le gage d'une réélection tant le travail est au cœur de la crise dans laquelle se sentent prisonniers les Français. Une fois cet engagement tenu et le cap du retour à

---

1. BRENDER Adi et DRAZEN Allan, *Political Implications of Fiscal Performance in OECD Countries*, mars 2006.

l'emploi franchi, appuyé sur une méthode rigoureuse, il sera alors temps d'esquisser la vision d'après. La vision d'une France qui aura repris son destin en main, et compte tenu de sa démographie, pourrait redevenir une voix importante en Europe et se lancer pleinement dans la transformation numérique.

REMERCIEMENTS

Ce livre doit beaucoup à Michel Combes. J'ai rencontré Michel Combes le 13 octobre 2014 lors d'une conférence que nous donnions tous deux au Collège des Bernardins. Son propos s'articulait autour de la transformation d'Alcatel alors que je pointais, pour ma part, la transformation récente et autonome de la société française. Nous avons tout de suite senti l'extrême complémentarité de ces approches.

Nous avons commencé une série d'entretiens au cours desquels Michel Combes m'a rapporté le travail réalisé chez Alcatel-Lucent, la démarche qu'il avait construite et suivie. La pertinence de cette méthode de transformation m'a indéniablement marqué, tant elle semblait frappée au coin du bon sens et renvoyait à mes propres convictions. Quant au succès de cette méthode, il n'y a pas meilleure preuve que le redressement d'une entreprise affichant un milliard d'euros de pertes en avril 2013. À ce titre, une très grande partie des exemples renvoyant au monde de l'entreprise est issue d'Alcatel-Lucent. Je l'en remercie.

Merci également à Eva pour ses inestimables relectures estivales.

TABLE DES MATIÈRES

20-5300-04/01
Achevé d'imprimer en janvier 2016 par CPI Bussière
Dépôt légal : janvier 2016 – N° d'impression : 2020667